Titre original : *Prairie Majesty Oracle.*

Publié aux États-Unis par : Hay House, Inc.: www.hayhouse.com® · Publié en Australie par : Hay House Australia Pty. Ltd.: www.hayhouse.com.au · Publié au Royaume-Uni par : Hay House UK, Ltd.: www.hayhouse.co.uk · Publié en Inde par : Hay House Publishers India: www.hayhouse.co.in


19, rue Saint-Séverin 75005 Paris

Illustrations de la couverture et de l'intérieur : Amy Putney Koenig.

Traduit de l'anglais par Valentine Cazeilles.



Imprimé en Chine

# SOMMAIRE

SAVOIR

SENTIR

AFFIRMER

# REMERCIEMENTS

À mes fleurs sauvages : Roseanna, Louisa Iris, et Violet. - *K.S.*

À Dandelion. - *A.P.K.*

# INTRODUCTION

Dans tout écosystème, chaque être a une province. La survie, l'abondance et l'harmonie dépendent du fait que chacun fasse ce qu'il est inspiré à faire, sans réserve ni excuses.

De la même manière, en tant qu'humains, nous avons tous choisi des expressions différentes du Tout et apportons des dons différents à notre expérience collective.

## *Quels sont les vôtres ?*

La prairie est une promesse de paix et de puissance, tout comme vous.

*Venez vous promener sous le Ciel d'été et laissez vos doigts suivre les herbes et les fleurs sauvages.*

*Écoutez les oiseaux, les insectes et le vent. Il n'y a nulle part où se cacher du Soleil, et aucun besoin de le faire.*

*L'Oracle de la Majesté des Prairies* est un cri de ralliement pour tous ceux qui veulent reprendre leur place de maître et autorité légitime dans leur propre vie. **Vous êtes responsable de vous-même.**

Reprenons notre pouvoir de la manière qui semble la plus authentique pour chacun d'entre nous. Utilisons-le pour réaliser ce que nos âmes individuelles veulent faire, être et créer ! Cela profite à tout le monde.

Continuons à abandonner les vieilles idées concernant l'autorité extérieure et les abus de pouvoir qui fomentent l'oppression, l'inégalité et la pénurie.

Remplaçons-la par l'honneur (la célébration !) de la connaissance et de la valeur intrinsèque de chaque individu, souverain en soi et de soi. Nous avons tous le droit divin de décider nous-mêmes de notre mode de vie.

Les messages de ces cartes nous encouragent à trouver et à suivre notre voie intérieure. Parfois, cela va vous sembler être un terrain inconnu. N'oubliez pas d'en explorer la frontière avec un esprit d'aventure, sans toutes les foutaises coloniales, territoriales et hiérarchiques.

🜁 🜃 ⊕ ☉

L'histoire de notre création a été une véritable épopée. Les graines qui ont engendré *L'Oracle de la Majesté des Prairies* ont été semées au fil des années, attendant patiemment de germer.

M'installer dans les Black Hills du Dakota du Sud pendant les années 1990 a été une expérience formatrice pour moi. Pendant une dizaine d'années, entre mon adolescence et ma vingtaine, ma famille a vécu à quelques minutes du parc national de Wind Cave, où vivent des Bisons, des Chiens de Prairie et bien d'autres cartes de *L'Oracle de la Majesté des Prairie*s.

Bien que l'illustratrice Amy Putney Koenig soit originaire du centre de l'Iowa, et que j'y vive depuis 2008, nous ne nous sommes rencontrées pour la première fois qu'en décembre 2019.

À cette époque, j'avais déjà créé deux autres tarots (*The Grandmothers Oracle* et *Heart 2 Heart Oracle*) qui mettaient en scène des photographies vibrantes. Cela m'a permis d'acquérir une expérience et des compétences techniques précieuses pour poursuivre une collaboration plus engagée.

Ces projets ainsi que les ateliers locaux que j'ai animés sur la connexion avec les animaux comme guides spirituels étaient également un terrain d'entraînement important. Toutes ces opportunités ont approfondi la confiance en ma capacité à percevoir et à traduire les messages du monde naturel, qu'ils soient visibles ou invisibles.

Fin 2019, lorsque je me suis sentie poussée à explorer l'idée d'un oracle inspiré des animaux, j'ai dit à l'Univers : « Je suis partante, mais il faut que tu me mettes en relation avec un·e artiste. »

En *deux jours*, une rencontre inattendue et simultanée m'a révélé le travail d'Amy. Après l'avoir contactée, j'ai demandé aux énergies réunies de m'aider à comprendre ce que cet oracle ajouterait au catalogue existant.

Alors qu'Amy et moi finalisions nos plans de rencontre, de petites pousses vertes sont sorties de terre. J'ai soudain eu un éclair d'inspiration concernant le concept et le titre : « La Majesté des Prairies : Explorez votre Nature Souveraine ». J'ai griffonné des notes partout et ai synthétisé une vue d'ensemble.

Quelques jours plus tard, lors de notre première rencontre, Amy m'a dit qu'elle avait rêvé de mots indéchiffrables sauf un : « souverain ».

J'étais aux anges de rencontrer l'artiste la plus parfaite pour ce projet.

Le fait d'avoir reçu des signes aussi évidents au début et tout au long du projet a fortifié nos esprits au cours du chemin sinueux de création.

Très vite, j'ai réalisé avec bonheur que l'oracle n'était pas réservé aux animaux.

Les plantes, les éléments et les arbres voulaient également être inclus. Avec mes enfants, nous avons visité la prairie d'herbes hautes qui a été restaurée à côté de chez nous pour trouver l'inspiration.

Je suis entrée en contact avec l'énergie de chaque carte comme elle se présentait, sans aucun plan. Parfois l'être était premier, et parfois c'est le verbe qui l'était. Écouter et recevoir la question résonnante pour chaque carte était primordial et représentait parfois la partie la plus longue. Je devais faire des pauses fréquentes afin d'être prête pour la série de messages suivante.

L'un des aspects les plus complexes (et les plus gratifiants) de cette étape était que je devais intégrer et guérir personnellement un aspect de l'énergie de chaque carte avant d'obtenir le feu vert pour en écrire le message. Certains êtres sont passés avec force et clarté, tandis que j'ai dû travailler avant que d'autres ne me révèlent leur cœur.

La seule chose dont j'étais sûre au départ était le thème général et le nombre approximatif de cartes. Et même cela a changé lorsque j'ai réalisé que nous pouvions ajouter quatre cartes célestes pour améliorer les possibilités d'interprétation.

En ce qui concerne les désirs, la liberté et le pouvoir personnel sont des OUI et BIEN SÛR instantanés.

Dans la pratique, je ne cesse de rencontrer tous les défauts de ma programmation humaine qui nécessitent d'être surpassés consciemment. Ce n'est pas un travail facile, mais il en vaut la peine.

Les mots me manquent pour exprimer à quel point j'estime la capacité d'Amy à intégrer l'énergie de chaque créature, élément ou plante à ses illustrations. Chaque détail est intentionnel. Ce projet n'existerait pas sans son génie. Faire confiance et profiter de nos dons respectifs a été un merveilleux exercice dans notre travail des thèmes de *L'Oracle de la Majesté des Prairies.*

Une autre grande chance a été qu'Amy et moi étions sur la même longueur d'onde et en accord pour suivre le rythme du projet ainsi que sa croissance organique. Et maintenant, vous avec le fruit de ce travail entre vos mains.

Nous avons invoqué la prairie et avons déversé nos cœurs dans une grande vague d'émotions, d'intentions et d'anticipation mêlée à de l'excitation.

Merci de recevoir notre offrande. Nous espérons que votre propre voyage avec *L'Oracle de la Majesté des Prairies* vous mènera vers des horizons inconnus, suscitera l'émerveillement et élargira vos horizons.

*—Kara Simons*

# DESCRIPTIF

Au fur et à mesure que vous vous familiariserez avec votre oracle, il vous sera utile de connaître les deux principaux types de cartes.

## CARTES DE CATÉGORIE

Vous en trouverez 48, réparties en quatre groupes. Elles représentent *différents types d'actions*. Toutes les cartes de catégorie représentent une flore, une faune ou bien un élément.

Chacune d'entre elles comprend également une question ouverte qui offre et ancre une nouvelle perspective. Voyez cela comme une porte d'entrée pour travailler avec cette énergie. Au bas de ces cartes, vous trouverez un verbe qui rappelle ce que cet être fait dans la nature. Ces verbes sont dans des cadres suivant un code couleur vous indiquant la catégorie.

## CARTES CÉLESTES

Les quatre dernières cartes bonus suggèrent *le mouvement du flux d'énergie dans un tirage.* Elles permettent de voir des thèmes généraux dans la façon dont les autres cartes s'assemblent. Vous pouvez les mélanger avec les autres cartes ou en tirer une spécifiquement pour ajouter un sens supplémentaire.

Les descriptions du manuel sont classées par ordre alphabétique et par catégorie.

Les cartes Soleil, Lune, Étoile et Ciel ne contiennent que des illustrations. À la fin du manuel, vous trouverez des suggestions de mots-clés.

# Utilisation des cartes

Un oracle est un outil interactif d'auto-assistance. Votre propre énergie vous attire vers l'énergie des cartes qui sont en adéquation avec le moment précis - c'est comme un aperçu de l'atmosphère générale du moment.

Les suggestions ci-après sont destinées à vous aider à vous sentir à l'aise et à vous connecter avec votre moi supérieur, votre esprit, votre âme, votre conscience, Dieu, l'Univers, ou toute autre notion spirituelle qui vous convient.

Retenez ce qui résonne en vous, laissez le reste, et expérimentez pour trouver votre propre processus.

## 1. RECENTREZ-VOUS

Cela peut être aussi simple que de prendre des respirations profondes dans un espace calme. Vous pouvez également créer une ambiance avec des bougies, de la musique ou des parfums si vous le souhaitez. Les images mentales peuvent aussi aider. Par exemple, vous pouvez imaginer que des racines poussent dans la terre depuis vos pieds pour vous ancrer, ou bien vous imaginer dans une bulle ou un bouclier de lumière pour vous sentir en sécurité. Demandez à votre moi supérieur de vous aider à vous ouvrir et de vous renvoyer des messages et idées. Vous pouvez également inviter les guides spirituels à vous accompagner et à protéger l'espace.

## 2. PRÉPAREZ LES CARTES

Avant d'utiliser un nouvel oracle, feuilletez les cartes pour vous familiariser avec elles. Ensuite, purifiez l'énergie du paquet. Voici une manière de le faire.

Tenez le paquet dans votre main non dominante et envoyez votre énergie à travers lui en frappant le poing de votre main dominante sur le dessus. Vous pouvez même dire : « Ceci est pour [votre nom ou le nom de la personne pour laquelle vous tirez des cartes] ». En faisant cela, vous exprimez physiquement votre intention de réinitialiser et calibrer l'énergie du paquet.

## 3. DÉFINISSEZ VOTRE INTENTION

Avez-vous une situation spécifique à l'esprit, ou cherchez-vous une vision générale ?

Restez ouvert à tous les messages qui sont prêts à être perçus. Vous pouvez même étaler les cartes sur votre cœur ou les tenir dans vos mains tout en disant une prière ou une bénédiction.

## 4. ALLEZ-Y

Il se peut que vous vous sentiez attiré par certaines cartes pendant le processus de battage - suivez votre impulsion.

Certaines personnes préfèrent finir de mélanger puis tirer les cartes à partir du haut. D'autres surveillent les cartes qui sortent du jeu ou qui tombent pendant le mélange. Une autre approche consiste à étaler les cartes face vers le bas pour ensuite les survoler de la main. Une sensation de chaleur ou de picotements dans la paume pourra indiquer celles à tirer.

Faites ce que vous préférez, ce sera parfait !

Une fois que vous avez tiré les cartes, faites confiance à votre instinct pour les interpréter.

Vous êtes la source la plus sûre pour savoir comment elles s'appliquent à vous, et les descriptions disponibles dans le manuel ne sont que des suggestions. Si leur signification n'est pas claire, vous êtes libre de recommencer ou de tirer des cartes supplémentaires.

# Suggestions de tirages

## QU'EST-CE QU'UN TIRAGE ?

Les tirages sont des agencements de cartes selon un schéma où chaque placement a une signification.

Vous pouvez suivre l'une de ces suggestions ou bien inventer votre propre tirage.

*L'Oracle de la Majesté des Prairies* se marie également très bien avec le tarot ou d'autres types d'oracle. Vous pouvez toujours modifier l'un de vos tirages préférés ou même en essayer un d'un autre manuel que vous aimez.

## TIRAGE CONSTITUTIONNEL QUOTIDIEN

Ce tirage à une carte est une marche rapide dans la prairie. Par la suite, faites attention à comment ce thème se manifeste dans votre journée.

C'est un excellent exercice pour apprendre à connaître un nouvel oracle !

## TIRAGE DES QUATRE SAISONS

Vous mettre à l'écoute des rythmes naturels de votre cycle actuel peut vous aider à le respecter. Essayez ceci pour avoir un aperçu de son flux.

Tirez quatre cartes comme indiqué ci-dessous.

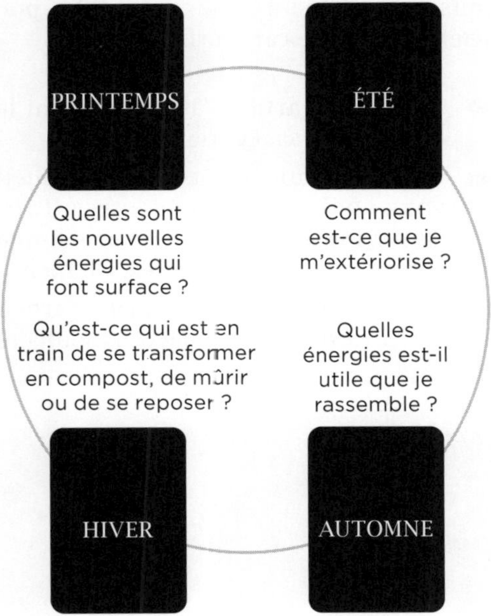

## TIRAGE DE VUE D'ENSEMBLE

C'est un excellent tirage pour approfondir une question spécifique (la « carte principale ») et ensuite explorer le champ des possibles en choisissant une des idées d'interprétation pour les « cartes réponses ».

Vous avez plusieurs choix possibles pour déterminer votre carte principale :

- Tirez une carte à l'aveugle parmi les 48 cartes de catégorie.
- Choisissez une catégorie sur laquelle vous voulez vous concentrer (Faire, Savoir, Ressentir, ou Affirmer) et limitez votre tirage à ces 12 cartes. Ou bien
- Sélectionnez n'importe quelle carte de catégorie d'un tirage que vous souhaitez explorer davantage.

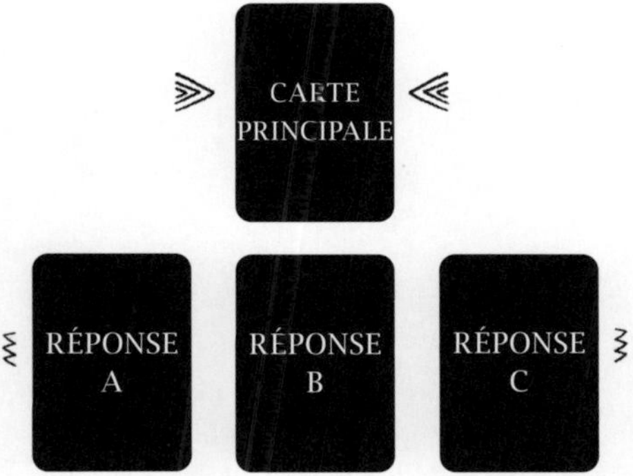


## IDÉES D'INTERPRÉTATION POUR LES CARTES RÉPONSES

1) Passé, présent, futur ;

2) Défi, force, opportunité ;

3) Pourquoi cela se produit-il, qu'est-ce que ça essaie de me dire, comment puis-je utiliser au mieux cette énergie pour aller de l'avant ?

4) Où est-ce que je perds de mon pouvoir, qu'est-ce qui m'aiderait à le récupérer, comment puis-je être plus attentif à l'avenir ; ou bien

5) Inventez vos propres interprétations !

L'utilisation d'un autre oracle pour les cartes réponses est une excellente façon d'associer *L'Oracle de la Majesté des Prairies* à votre collection.

# CARTES DE CATÉGORIE

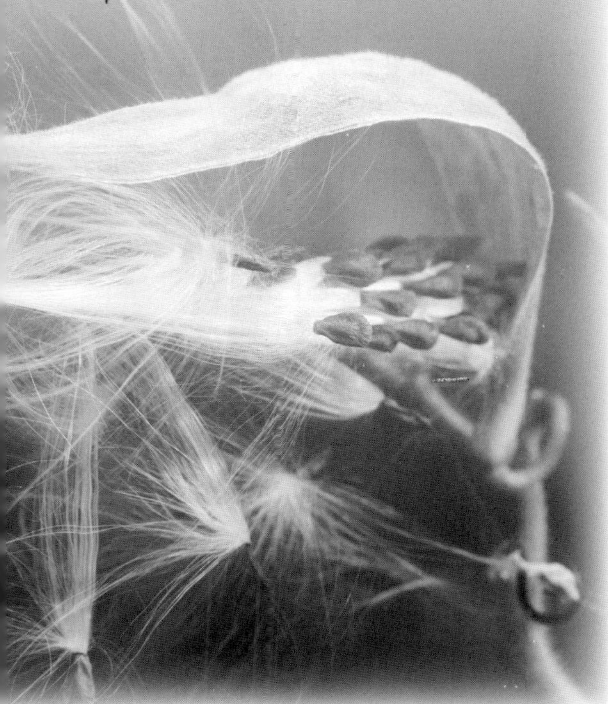

PYGARGUE À TÊTE BLANCHE
CASTOR
LYNX
COYOTE
LIBELLULE
PAPILLON GLAUQUE
SAUTERELLE
PLUVIER KILDIR
CHIEN DE PRAIRIE
FOURMI DES PRAIRIES
BUSE À QUEUE ROUSSE
FEU DE FORÊT

Les cartes jaunes FAIRE inspirent l'ENGAGEMENT ACTIF, qu'il soit interne ou externe, et suggèrent des conseils sur la manière d'agir.

FAIRE

# PYGARGUE À TÊTE BLANCHE

La majesté du Pygargue à Tête Blanche voyageant au grand air est fascinante, n'est-ce pas ? La liberté, le pouvoir, la hauteur.

Chacune de ses apparitions est un cadeau d'inspiration et de validation.

*Vous vous débrouillez très bien.*

*Continuez et n'abandonnez pas.*

Lorsque le manque d'assurance nous accable, l'idée de prendre son envol - et d'être vu pour ce que l'on est vraiment - peut nous faire garder les pieds sur terre.

Même lorsque nous avons des éclairs de perspicacité, nous risquons de nous remettre en question au milieu de la surcharge d'informations et de sensations du monde moderne. Nous pouvons craindre d'être mal compris, d'attirer trop d'attention sur nous, ou que les autres nous accuseront d'essayer de nous élever au-dessus de notre rang social.

Et pourtant, chacun d'entre nous peut très probablement citer d'autres personnes dont le parcours personnel a motivé et dynamisé le nôtre. Après tout, nous sommes des créatures d'observation. Tout comme les aiglons, nous apprenons à voler en observant, puis en nous exerçant.

**Nous avons tous besoin de modèles, y compris vous.** Lorsque nous voyons une autre personne poursuivre ses rêves, être authentique, ou dire la vérité, cela peut activer notre propre courage.

Vous êtes aujourd'hui appelés à vous élever avec le Pygargue à Tête Blanche. Que ce soit pour vous inspirer ou pour inspirer les autres, seul le temps vous le dira. Ayez le courage de prendre votre envol et de le découvrir, peu importe qui vous regarde.

# CASTOR

Lorsque le Castor entre en scène, il y a probablement un projet en cours ou à venir. Évaluez la conception et la forme de ce que vous créez, à la fois physiquement et métaphoriquement. Qu'est-ce qui est en train d'être réuni ? Qu'est-ce que cela vous réserve ?

**Adoptez l'empressement du Castor et réalisez vos souhaits avec le matériel à portée de main.**

Le long des cours d'eau qui sillonnent les zones humides et leurs prairies voisines, l'ingénieur de la nature s'applique avec un zèle admirable à la tâche de fabrication.

Avec ses dents et sa détermination puissantes, il ronge les troncs d'arbres tes que le Peuplier, les abattant avec un aplomb surprenant.

Il construit un barrage à partir des arbres, des branches et de la boue, formant un bassin qui élève la nappe phréatique et favorise son épuration. Il y construira un pavillon pour vivre avec sa famille, avec une entrée sous-marine cachée pour se protéger. L'impact de ses actions sur la terre et l'eau est prodigieux. Il a le pouvoir de modifier l'environnement de manière durable, ce qui affecte la flore et la faune de la région. Et les humains aussi.

La facilité avec laquelle le Castor navigue à la fois sur le cours d'eau et sur le sol peut être symbolique de ce que vous êtes en train d'assembler. Que vous disent vos émotions et votre intuition sur la façon dont vous pouvez avancer physiquement ? Réfléchissez à la manière dont vos différents sens et outils peuvent fonctionner ensemble. Comment pouvez-vous maximiser les ressources qu'ils vous offrent ? Si votre projet est inconnu, quel potentiel les éléments de base disponibles présentent-ils ?

Demandez au Castor de vous aider à intégrer tous ces aspects harmonieusement. Vous pouvez également inviter la Fourmi des Prairies, le Putois à Pieds Noirs et/ou le Chien de Prairie à rejoindre votre équipe.

# LYNX

Tout est énergie. Chacun d'entre nous, de l'homme à la faune en passant par la flore et les éléments, fonctionne à une fréquence naturelle.

Saviez-vous que vous pouvez choisir d'élever le vôtre ? Cela peut prendre de nombreuses formes et se manifester différemment selon les circonstances dans lesquelles vous vous trouvez.

Le conseil passe-partout du Lynx est assez simple en apparence : aller plus haut. Il grimpe facilement aux arbres pour toutes sortes de raisons qui peuvent avoir une signification pour vous aujourd'hui.

Depuis son point d'observation en haut d'une branche, il peut obtenir un meilleur point de vue, un avantage pour la chasse, la sécurité ou encore le repos. Pour l'atteindre, il faut toutefois faire un choix. **Étendez vos griffes et montez, montez, montez.**

Le Lynx vous recommande peut-être d'élargir activement la perception du sujet qui vous préoccupe. Il se peut que, pour éclairer votre approche, vous ayez besoin de voir les choses d'un point de vue plus élevé, à travers le regard de votre moi spirituel. Renforcer cette capacité par la pratique, que ce soit par la méditation ou la réflexion silencieuse, vous sera utile et deviendra un outil fiable pour la prise de décisions.

À d'autres occasions, le Lynx peut signaler le besoin de se retirer. Dans certaines situations, prendre du recul est le meilleur moyen de modifier votre énergie. Rester dans votre situation actuelle peut être nuisible, ou peut-être que ce n'est pas à vous de la subir ou de l'arranger. Dans tous les cas, envisagez de prendre la voie de la sagesse et de vous retirer complètement.

Une fois installé dans votre nouveau poste, prenez une minute pour observer le paysage et vous détendre. Vous pouvez demander à la Buse à Queue Rousse de vous aider à identifier quand, comment et où replonger.

# COYOTE

L'étendue ouverte de la prairie offre une multitude de possibilités et de chemins où vagabonder. Beaucoup d'entre nous n'ont pas été élevés dans ce genre d'environnement où tout est permis. D'ailleurs, beaucoup de nos ancêtres non plus.

On nous a en grande partie appris à abdiquer notre propre intuition.

À la place, on nous dit de faire confiance aux règles et aux figures d'autorité pour savoir ce qui est « bien » - de manière aussi bien évidente que subtile.

Au cours de l'émancipation des attentes et des restrictions extérieures, il est possible de faire face à toute une série de réactions. Il peut s'agir d'un accablement inattendu, d'une anxiété, voire d'une paralysie. Lorsque rien n'est interdit, comment pouvons-nous être sûrs que nous ne nous « trompons » pas ?

Le Coyote est insensible face à une telle question. Il s'approche accompagné d'une invitation à explorer une nouvelle rubrique pour prendre des décisions : qu'est-ce qui vous semble vivant et ludique ?

Les efforts des Hommes pour contrôler la population de Coyotes sont largement inefficaces. En fait, ils provoquent une plus grande prolifération car le Coyote est très adaptable et avisé.

Cela mérite d'être célébré !

La présence de Coyotes dans un écosystème favorise en fait un équilibre sain car ils régulent la population des petits animaux prédateurs.

Ces chiens sauvages vivent en meute, s'accouplent généralement pour la vie et sont connus pour communiquer par des glapissements et des aboiements au crépuscule et à l'aube. Par nature, ils sont enjoués, intelligents et insouciants.

**À partir de cet état d'esprit, le Coyote nous apprend à accepter et à mobiliser la responsabilité qui accompagne l'indépendance.**

# LIBELLULE

Le processus de « devenir soi-même » - cette destination amorphe et évolutive souvent visée-dure toute une vie.

Et pourtant, nous devons continuer à nous montrer à chaque instant, tels que nous sommes et avant même de tout savoir (oh).

La Libellule fend l'air vers vous, avec une confiance encourageante, en traversant un labyrinthe qu'elle seule peut voir. Qui êtes-vous maintenant ? Qui voulez-vous devenir ensuite ?

Changez à tout moment. **Vous ne devez d'explication à personne par rapport à votre évolution, et vous n'avez pas à être loyal envers les versions passées de vous-même.** Tout ce qui vous dit le contraire n'est qu'une illusion.

La Libellule est une aviatrice terriblement habile, avec une vitesse incroyable. En utilisant la précision venant de sa capacité à contrôler indépendamment chacune de ses quatre ailes, elle peut changer de cap sur un coup de tête et peut facilement effectuer des virages inclinés.

Elle voit le monde dans toutes les directions, sauf qu'elle ne peut pas regarder directement derrière elle. Tout comme le Papillon, sa transformation de la larve à l'adulte est spectaculaire.

Aujourd'hui, elle vous conseille d'être flexible dans votre relation avec ce que vous percevez comme étant qui vous êtes. Donnez-vous la permission de développer constamment votre vérité personnelle et votre sentiment d'identité. Vous êtes libre de suivre la direction que vous voulez, même à grande vitesse, à l'affût de tout ce qui pourrait vous aider dans votre transformation sans fin.

Laissez le passé derrière vous et concentrez-vous sur le prochain tournant qui vous convient. Si vous avez besoin d'encouragements supplémentaires, consultez la Plante Boussole, le Coyote, le Colvert et le Vent.

# PAPILLON GLAUQUE

Quand le Soleil se lève à l'horizon, la nuit devient jour en un instant. Dans toute transition, le point de basculement arrive inévitablement, apportant un élan qui propulse le changement.

Peu importe la durée du processus, le croisement finit vraiment par se produire !

Et si nous pouvions ralentir et repérer le moment exact du changement ? À quoi ressemblerait-il ?

Si le Papillon Glauque s'envole au-dessus de l'herbe voisine, vous connaissez peut-être déjà la réponse à cette question. L'excitation, la nervosité, l'anticipation, la vulnérabilité, la peur, l'appréhension, l'espoir et la curiosité peuvent tous palpiter en vous. Vous avez peut-être l'impression d'avoir déjà traversé plusieurs transitions, tout ça pour attendre à nouveau.

Les chenilles vivent un processus similaire. Une fois enfermées dans leur cocon, leur éclosion peut avoir lieu des semaines ou des mois plus tard. Certaines y passent même tout l'hiver jusqu'au printemps. De même, la métamorphose et l'émergence personnelles dépendent de chaque individu. Le moment est-il venu pour vous d'éclore sous une nouvelle forme ?

**Ce moment est à la fois fragile et féroce.** Vos ailes sont peut-être mouillées. Vous êtes peut-être incertain. Ce que vous ressentez est naturel et parfait pour votre renaissance. Seulement, ne restez pas coincé dans cette situation.

Pensez au lien entre le jaune vif des ailes du Papillon et votre plexus solaire comme siège de votre pouvoir personnel. Mettez en marche votre propre générateur intérieur. Visualisez-vous en train de vous étendre et de vous remplir d'une lueur dorée qui vous sèche les ailes. Lorsque vous commencez à battre des ailes, même timidement, sentez-vous votre force ?

Vous êtes prêt. Vous êtes de l'autre côté ! Vous avez des ailes pour vous transporter où vous le souhaitez.

## SAUTERELLE

Tout au long de notre vie, nous vivons différentes saisons et différents chapitres. Certains sont caractérisés par le repos et la réflexion, tandis que d'autres sont de plus intenses périodes de croissance.

Quand la Sauterelle se montre, il y a de fortes chances que vous soyez prêt à bondir d'une manière ou d'une autre. Réfléchissez à votre dernier chapitre. Quels sont les défis que vous avez dû relever récemment ? Que vous ont-ils appris sur vous-même et sur la façon dont vous voulez vous montrer au monde ? Répondre à ces questions vous aidera à identifier les domaines dans lesquels vous êtes prêt à faire d'énormes progrès. Il existe de nombreuses espèces de Sauterelles mais, dans l'ensemble, elles sont réputées pour leurs prouesses en matière de saut. Si nous avions leurs capacités à échelle humaine, nous pourrions couvrir la longueur d'un terrain de football en un seul bond.

Les pattes arrière de la Sauterelle sont conçues pour fonctionner comme de minuscules catapultes qui la projettent en avant. Dans l'écosystème des prairies, la Sauterelle joue un rôle important dans la chaîne alimentaire, en consommant de la végétation puis en nourrissant de nombreux autres animaux.

**Lorsque vous synthétisez vos expériences récentes, imaginez que la sagesse qui en découle s'enroule dans des ressorts.** Permettez à cela de vous faire avancer à pas de géant.

N'oubliez pas non plus que les nuages de Sauterelles ont la puissance nécessaire pour démanteler et modifier le paysage. Vous devriez envisager ou rechercher des occasions de collaborer avec des personnes partageant les mêmes idées que vous et qui sont prêtes à faire de grands pas vers l'avant. Comment pouvez-vous travailler ensemble pour changer de manière significative les structures et les institutions, de façon à ce que tout le monde en profite ?

Le Chien de Prairie et le Putois à Pieds Noirs peuvent aussi être des alliés utiles.

# PLUVIER KILDIR

Qu'est-ce qui vous fait vous sentir bien dans votre corps ?

Il peut s'agir de porter sa couleur préférée, de manger un repas délicieux, de danser au rythme de la musique, de sentir le soleil sur son visage, de faire trempette dans un jacuzzi, de bouger, de donner ou recevoir un compliment sincère - tout ce qui stimule la vitalité.

Faites appel à ce souvenir et imaginez-vous à ce moment précis. Est-ce que cela change votre expérience actuelle de la réalité physique ? Remarquez ce qui se passe dans votre corps pendant que vous faites cela. Que demande-t-il ?

Si vous n'avez jamais été témoin de la façon particulière dont le Pluvier Kildir se déplace, faites une recherche Internet et préparez-vous à sourire. Il incarne le fait d'être soi-même. Au sol, le Pluvier Kildir se pavane et dodeline de la tête en poussant des cris aigus et perçants. Tout comme un collier à deux rangées, les bandes de plumes noires qui traversent sa poitrine et son cou blancs forment un contraste saisissant avec sa cape brune. Une autre bande noire borde son front comme une couronne. Ses jambes fines le propulsent à travers la prairie, rappelant un escalator plat qui court-circuite de temps en temps, et il est à l'aise pour nager et voler. Il est également malin, utilisant son corps pour éloigner les prédateurs en faisant semblant d'avoir une aile cassée.

Aujourd'hui, le Pluvier Kildir vous rappelle le potentiel de puissance du corps. N'oubliez pas que votre corps est un vaisseau. Avec quoi le remplissez-vous ? Utiliser l'amour comme critère de choix ne fera qu'encourager votre expression personnelle. **Nous avons besoin de l'originalité qui est votre beauté, avec toutes vos bizarreries, vos étincelles et votre piquant.**

Acceptez ce que vous êtes avec confiance, et laissez votre fantastique apparaître.

# CHIEN DE PRAIRIE

Imaginez être un enfant dans un bac à sable avec une pelle et un seau. Qu'est-ce que vous feriez ?

Si vous vous sentez bloqué, le fait de vous connecter à votre enfant intérieur peut vous aider à trouver de nouvelles idées sur la voie à explorer.

**D'une manière ou d'une autre, nous sommes tous au bord de la frontière dans notre propre vie, quel que soit notre âge.** En tant qu'adultes, il peut être facile d'oublier l'esprit d'aventure et d'excitation que nous avons pu ressentir quand nous étions plus jeunes.

Comme les Chiens de Prairie, les humains sont des créatures communautaires. Depuis des millénaires, les humains se réunissent pour se protéger, survivre, s'éduquer, se gouverner, se tenir compagnie, célébrer et s'aimer. Nous créons des quartiers où vivre, des groupes civiques et sociaux, et des familles - celles dans lesquelles nous sommes nés et celles que nous choisissons. Nous partageons nos routines du quotidien, nos vacances, les cycles météorologiques, nos expériences de vie. Et pourtant, nous sommes toujours libres de repartir de zéro.

Le Chien de Prairie sort de son terrier aujourd'hui avec une invitation à creuser plus profondément dans ce qui vous apporte un sentiment de bien-être et de connexion. Vous avez le droit de décider ce que c'est.

À quoi voulez-vous donner la priorité ?

Soyez créatif quant à la façon dont vous pouvez l'intégrer dans votre vie, et foncez. Pensez à inviter votre communauté à se joindre à vous.

# FOURMI DES PRAIRIES

Les Fourmis des Prairies sont des êtres dynamiques qui comprennent le pouvoir de l'élan vers l'avant et accomplissent des exploits improbables. Les reines, les fourmis mâles et les ouvrières ont toutes des tâches et des responsabilités différentes. En même temps, elles travaillent en tant que collectif pour la croissance et la survie de la colonie. Grâce à leur activité, elles mélangent et retournent le sol, ce qui profite à l'ensemble de l'écosystème. Quelle est votre relation avec le concept de « travail » ? Est-ce que cela vous semble lourd, pesant, forcé ou même ennuyeux ? Si c'est le cas, essayez une définition neutre : dépenser des efforts dans un but précis. Y a-t-il une tâche avec votre nom dessus aujourd'hui ? Qu'aimeriez-vous faire entrer dans votre vie ? Qu'aimeriez-vous faire ? Exploitez l'énergie laborieuse de la Fourmi et choisissez. Cela peut être physique ou mental. Certains travaux sont mieux accomplis lorsque votre corps est immobile. Aller à l'intérieur de soi pour apprendre, se connecter et grandir est l'une de nos tâches les plus importantes. **La Fourmi dit : commencez, tout simplement. Entreprenez ce qui se présente à vous, aussi petit soit-il, et continuez à partir de là.** Si les défis sont une partie normale et saine de la vie, le travail ne doit pas nécessairement être « difficile » pour être significatif ou efficace. Cela change-t-il votre point de vue de faire appel au libre arbitre et à la responsabilité personnelle ? Vous pouvez envisager quelques messages supplémentaires lorsque la Fourmi des Prairies se présente à vous. Les limites jouent-elles un rôle dans votre situation actuelle ? N'oubliez pas que personne ne peut faire votre travail à votre place, ni vous le leur. Définissez clairement votre rôle et concentrez-vous sur celui-ci. Le travail d'équipe est-il nécessaire ? Si c'est le cas, entrez dans l'esprit collectif et découvrez comment votre rôle personnel aide le groupe à réaliser ce qui serait impossible en solo.

# BUSE À QUEUE ROUSSE

Prenez un moment pour faire une pause et scruter votre vie depuis la vue aérienne de la Buse à Queue Rousse. Qu'est-ce que vous voyez ? Regardez, écoutez et observez. Que vous dit votre instinct ?

Là-bas ! Il est temps d'exécuter.

**Si vous attendez un signe pour agir, ou si vous vous demandez quand une décision sera mûre pour être prise, écoutez l'appel de la Buse à Queue Rousse.**

Encerclez, plongez et attrapez.

Il y a une opportunité en face de vous. Si l'hésitation ne vous condamne pas à une famine permanente, céder à vos doutes pourrait retarder le dîner.

Pourquoi ne pas le faire ?

Accorder du crédit à ses instincts et les suivre est une forme d'exercice spirituel. Vous renforcez ce muscle. À chaque fois, vous grandissez, vous apprenez et vous vous maintenez.

Vous avez le pouvoir de choisir. Visez et poursuivez ce que vous voulez. Pas de retenue.

# FEU DE FORÊT

Quelque chose de nouveau se profile à l'horizon. **Comment pouvez-vous lui faire de la place ?** En tant qu'êtres humains, il est normal que nous nous attachions, que ce soit à des habitudes, des routines, des choses, des lieux, des personnes des croyances, des perspectives... Pendant certains chapitres de notre vie, ils peuvent nous servir en nous apportant un soutien, un stimulus ou un réconfort. Or, le fait de se défaire de ses attaches est non seulement naturel, mais c'est aussi une partie indispensable du cycle. Aucun de nous ne peut vraiment rester immobile, même si nous essayons. Lorsque le Feu de Forêt fait irruption dans votre vie, mettez-vous au défi de vous ouvrir et de permettre la réinitialisation. Lorsque la fumée se dissipera, quelles opportunités seront révélées ? Dans la prairie, les Feux de Forêt sont essentiels pour préserver l'habitat ouvert. Les brûlages périodiques empêchent les arbres et les arbustes de prendre le dessus et de freiner la croissance de tout le reste en bloquant le Soleil. Le Feu de Forêt accélère également la décomposition de la matière. Les plantes, feuilles et herbes mortes sont transformées en nourriture pour une nouvelle croissance. De plus, l'effet de défrichage du Feu de Forêt expose de plus grandes étendues de Sol de Prairie à la lumière du soleil et à la chaleur nécessaire à la germination des graines. Tout cela crée de la nourriture pour les animaux de pâturage, soutient les pollinisateurs et offre un habitat aux insectes et aux oiseaux nicheurs. Si le changement peut être effrayant, il ouvre également la voie à l'avenir. Embrasser le nouveau ne signifie pas qu'il faut juger ou blâmer l'ancien. Pouvez-vous considérer la situation de manière neutre ? Exprimer sa gratitude pour la façon dont elle vous a servi par le passé peut vous aider. Honorez ce qui vous semble juste pour traverser cette période de transition. De l'autre côté, il y a des possibilités portant votre nom ! Laissez l'anticipation ouvrir la voie à votre renaissance.

BISON
PLANTE BOUSSOLE
CORBEAU
SOURIS SYLVESTRE
GRAND HÉRON
GRAND-DUC D'AMÉRIQUE
COCCINELLE
COLVERT
PUNAISE
ÉCUREUIL RAYÉ
NOYER
CERF DE VIRGINIE

Les cartes roses SAVOIR aident
à RETRANSCRIRE L'INTUITION
sous forme de pensée pour exploiter
la puissance de votre esprit conscient.

SAVOIR

# BISON

La totalité qui est en vous est toujours disponible.

Vous êtes illimité, non diminué et sans restriction. Votre âme éternelle se sait inconditionnellement aimée et aimante.

Faisant partie intégrante du Tout, vous êtes toujours connecté au Tout, que vous en soyez conscient ou non. Vous pouvez y puiser à tout moment. Soyez tranquille, allez à l'intérieur, et ressentez cette vérité. En cette période de grand réveil et de guérison, il est de plus en plus facile de le faire.

En tant que plus grand animal terrestre d'Amérique du Nord, le Bison n'a pas de prédateur naturel. Sa masse solide cache une agilité tout aussi puissante. Il peut courir vite, sauter haut, et se retourner rapidement. Pourtant, il passe la plupart de son temps à brouter, se reposer et ruminer tranquillement avant de passer à autre chose. Son rôle est essentiel dans la création de l'habitat de prairie, car ses techniques de recherche de nourriture facilitent la dispersion des graines et l'aération du sol.

**Plus chacun d'entre nous prend le temps de se connecter de l'intérieur et d'agir à partir d'une conscience de notre véritable nature souveraine - que nous sommes toujours aimés, toujours puissants et toujours suffisants - plus nous créons un environnement qui soutient tout le monde.**

Chacun de nous détient un grand pouvoir dans lequel il peut puiser si nécessaire. Recentrez-vous dans cette certitude. Rien ne peut nuire ou éroder votre éternité.

# PLANTE BOUSSOLE

La Plante Boussole porte bien son nom. Ses fleurs jaune d'or sont toujours pointées vers le soleil, la faisant dépasser la plupart de ses compagnons de la prairie. Les doigts de ses feuilles lobées finissent par se positionner de manière verticale, en pointant le nord et le sud afin de minimiser l'exposition au Soleil. Les surfaces planes de ses feuilles sont tournées vers l'est et l'ouest, offrant aux voyageurs un point de référence utile. Êtes-vous à un carrefour ou à un point de décision quelconque ?

Chacun de nous trace son propre destin. Parfois, nous avons besoin de repères sur le chemin lorsque nous nous sentons perdus ou incertains de la direction à prendre. Ces panneaux nous aident à nous rappeler qui nous sommes et pourquoi nous sommes là.

Aujourd'hui, la Pante Boussole vous propose un exercice pour vous réorienter.

Que vous soyez encore en train d'apprendre à utiliser votre boussole interne ou que les bords soient usés jusqu'à la corde, c'est le bon moment pour faire le point.

Avec un stylo et du papier en main, sortez, si vous le pouvez actuellement, pour trouver du calme et vous faire caresser par la brise. Écrivez librement ou utilisez ces objets.

**Quelles sont vos valeurs ?**

**Quelles sont vos convictions fondamentales ?**

**Qu'est-ce qui vous apporte du réconfort et de la joie ?**

Si votre chemin actuel semble aligné avec ces vérités personnelles, continuez à faire confiance à vos paramètres de navigation.

Si vous trouvez une quelconque discordance, cherchez à savoir pourquoi. Vous sentez-vous poussé à tracer une nouvelle voie ?

Si vous êtes confronté à une question à choix multiple, quelle direction vous ramène à vous-même ? C'est la maison.

# CORBEAU

Le monde qui nous entoure est riche en messages et en potentiel.

Le Corbeau vole dans votre conscience aujourd'hui pour vous encourager à faire plus attention. Quels objets brillants attirent votre attention ? Que pouvez-vous tirer d'une inspection plus approfondie de ce qui se passe dans les alentours ?

Les Corbeaux sont communs dans tout le Midwest et cherchent leur nourriture dans les prairies. Ces oiseaux bavards ont un croassement distinctif qui les rend facilement identifiables, même quand on ne les voit pas. Les Corbeaux sont réputés pour leur intellect, leur intelligence et leurs capacités de communication. En tant que charognards, ils fournissent des services de gestion des déchets.

Leur pouvoir d'observation pénétrant les aide à s'adapter et à résoudre les problèmes, en partie parce qu'ils ont la capacité de se souvenir et d'appliquer ce qu'ils ont appris. Être curieux leur sert bien.

Quel que soit le sujet qui vous préoccupe aujourd'hui, il y a de fortes chances que des solutions et des idées soient à portée de main, attendant que vous les remarquiez.

Élargissez votre champ de vision en minimisant les distractions, en pratiquant la curiosité et en étant présent à chaque instant. Qu'est-ce que cela révèle ? Comment pouvez-vous l'appliquer ?

**Parfois, remarquer est une question de volonté de voir ce qui se trouve juste devant nous, même si nous préférerions ne pas le voir.**

Si cela résonne en vous, explorez pourquoi. Qu'avez-vous caché, que ce soit aux autres ou à vous-même ? Le fait de le mettre en lumière pour y réfléchir peut constituer un indice pour aller de l'avant.

Demandez au Corbeau de vous aider à comprendre et à vous adapter.

# SOURIS SYLVESTRE

Parlons du dialogue avec soi-même. Lorsque des situations ou des sentiments difficiles se présentent à vous, votre dialogue intérieur est-il critique ou rassurant ? Comment vous traitez-vous instinctivement ?

Dans la vie, il est impossible d'éviter les expériences difficiles. Nous les traversons et voyons les autres faire de même. Pensez à une occasion où vous avez soutenu et encouragé un ami ou un parent.

Vous traitez-vous avec le même soin ?

Aujourd'hui, la Souris Sylvestre trottine jusqu'à vos pieds pour vous proposer un exercice de pleine conscience. Tendez-lui les mains en coupe, invitez-la à monter et soulevez-la à hauteur des yeux. Son corps est recouvert d'une fourrure douce et fine qui rappelle le pelage brun et blanc du cerf.

Quels sentiments sa minuscule présence suscite-t-elle ? Son expression est probablement douce et endormie - elle a l'habitude de passer la journée dans son nid. Si vous vous sentez à l'aise, imaginez que vous la placez dans votre poitrine pour qu'elle puisse se lover et se reposer sur votre sternum. Permettez à sa présence de représenter votre vulnérabilité, votre enfant intérieur, votre besoin de tendresse.

**Si vous ne disiez pas quelque chose à la Souris Sylvestre, réfléchissez-y à deux fois avant de vous le dire à vous-même.**

Dans la chaîne alimentaire des prairies, la Souris Sylvestre donne vie au Coyote, au Faucon, au Serpent, au Renard, etc. De même, la tendresse envers soi-même stimule la conviction et favorise d'autres facettes de la souveraineté personnelle. Si les prédateurs de la Souris Sylvestre apparaissent dans un tirage, explorez cette couche supplémentaire de signification symbolique. La Souris Sylvestre nous demande également d'utiliser notre pouvoir pour le bien de tous. Il n'y a aucune hiérarchie d'importance dans une société vraiment libre.

# GRAND HÉRON

Se laisser aller au calme ne prend qu'un instant, et pourtant, il y a des moments où cela semble être la chose la plus difficile à faire.

Ce n'est pas le cas.

Vous avez la capacité de calmer votre esprit et de vous connecter avec votre Savoir, peu importe ce qui se passe.

Le Grand Héron dit : « Viens, tiens-toi debout dans la Rivière avec moi. Soyons tranquilles ensemble et observons les ondulations sous la surface. »

Quel que soit ce qui a précédé la présence du Grand Héron aujourd'hui, imaginez qu'il glisse sur votre corps. Lorsqu'il touche l'eau, laissez-le s'y maintenir, en pause.

Si c'est à vous de le reprendre, il sera toujours là après. Et si ce n'est pas le cas ?

Voyez en cela une réponse. Pour l'instant, il n'y a que vous et le Héron, enveloppés dans un doux silence.

À côté de vous, un coup vif suivi d'une déglutition soudaine de votre compagnon. Il recule soigneusement son cou et se replonge dans une attente patiente.

**« Les idées se révèlent en leur temps et à leur rythme », dit le Grand Héron. « Parfois nous devons arrêter de bouger, et les laisser trouver leur chemin vers nous. »**

# GRAND-DUC D'AMÉRIQUE

L'écoute sélective n'est pas nécessairement une mauvaise chose. L'existence moderne apporte une cacophonie constante d'informations, qui cherchent toutes à se poser quelque part.

**Et si vous choisissiez consciemment ce que vous voulez recevoir ?**

Le Grand-Duc d'Amérique nous apprend que la clé de l'écoute se trouve à l'intérieur.

Vous serez peut-être surpris d'apprendre que ses « cornes » de plumes ne sont en fait pas des oreilles. Les oreilles du Grand-Duc d'Amérique sont en fait cachées sous les taches de plumes de chaque côté de son visage. Ses oreilles asymétriques lui confèrent une ouïe parfaite de la manière la fascinante qui soit.

Étant donné qu'une oreille est légèrement plus haute que l'autre, le son atteint l'une des deux oreilles un peu plus tôt et un peu plus vite. Le Grand-Duc d'Amérique incline alors sa tête pour égaliser le son. Par conséquent, il finit par en regarder directement la source. Ce n'est pas étonnant qu'il soit un chasseur incroyablement précis.

Lorsque vous évaluez les informations dans votre environnement, exploitez vos capacités auditives au-delà du physique. Prenez une seconde pour faire une pause et comparer l'information à votre Savoir intérieur avant de décider si elle vaut la peine d'être écoutée.

Cela s'harmonise-t-il ? Y a-t-il des messages cachés dont il faut être conscient ?

Donnez-vous les moyens de choisir ce que vous entendez en fonction de la résonance que cela a pour vous. Ainsi, vous saurez si c'est votre prochain repas - ou juste du bruit.

# COCCINELLE

Est-il temps de lutter contre les parasites qui polluent votre paysage mental ?

Entrez dans la Coccinelle. Longtemps considérée comme un signe de bonne chance, elle vit près de la Terre et peut être facile à manquer. Pendant l'hiver, elle se blottit contre sa cohorte pour se réchauffer.

Elle est là pour vous rappeler que vous n'avez pas pris de mauvais virage. Vous êtes entouré d'un soutien affectueux, même lorsqu'il n'est pas visible.

Nous pouvons la trouver mignonne et charmante, mais les prédateurs reconnaissent ses couleurs comme le signe des toxines qu'elle utilise pour se défendre. Sa consommation vorace de parasites végétaux la rend encore plus sympathique aux humains, en particulier à ceux qui cultivent des aliments.

Qu'est-ce qui se prépare dans votre jardin en ce moment ? N'oubliez pas qu'il vous appartient de l'entretenir et de le protéger. Il ne s'agit pas d'une condamnation ou d'une restriction, mais plutôt d'une invitation. Si vous avez l'impression que votre espace mental est envahi de pensées ou de sentiments qui prennent le pas sur tout ce qui vous fait du bien, prenez cela comme un signe pour les éliminer.

Demandez à la Coccinelle de vous aider à protéger votre nourriture pour l'esprit en absorbant toutes les menaces. Elle laissera un nouveau sentiment d'optimisme dans son sillage, un charme protecteur contre tout ce qui veut consommer ce qui vous nourrit.

Sa présence aujourd'hui est une bénédiction. Elle vous demande d'ancrer ce sentiment d'avoir la chance de votre côté.

**Parce que c'est le cas !**

# COLVERT

La vie serait ennuyeuse si chacun d'entre nous vivait dans une chambre d'écho où nous ne serions exposés qu'à des personnes et des idées exactement semblables aux nôtres. N'est-ce pas ? En même temps, entendre quelque chose qui remet en question nos croyances, ou même qui est simplement différent d'elles, peut être déstabilisant. Nous pouvons nous hérisser, nous renfermer ou même avoir peur.

Même si ces réactions peuvent être naturelles ou instinctives, nous avons le pouvoir de les dépasser. Tout d'abord, rappelez-vous que peu importe ce que les autres croient, disent ou font, personne ne peut vous enlever le droit de faire le même choix pour vous-même. Deuxièmement, activez l'un des outils les plus importants dont vous disposez : votre discernement !

Peu importe ce qui traverse votre radar, utilisez votre intuition pour le filtrer. Toute cette opération dépend cependant de la configuration de vos filtres.

Mettez-vous au défi d'être honnête, de vous approprier vos filtres (vos croyances fondamentales) et de surmonter la dissonance cognitive.

Être ouvert, c'est être disposé à recevoir de nouvelles informations et à choisir de changer.

**Si vous vous sentez attiré par quelqu'un ou quelque chose de nouveau, pouvez-vous vous donner la permission d'être ouvert sans crainte ?**

Vous pouvez tâter le terrain - c'est-à-dire vous informer davantage - et ensuite discerner si cela vous semble nutritif.

Avez-vous déjà vu un Colvert avec le visage sous l'eau et la queue en l'air ? C'est sa version du filtrage. Son bec est garni, de haut en bas, de rangées de minuscules lames appelées lamelles, un filtre intégré qui retient la nourriture tout en empêchant l'entrée de tout ce qui n'est pas comestible. Essayez et voyez ce que vous découvrez.

# PUNAISE

La perception fait tout. Quand on se retrouve sur les fesses, le monde peut paraître à l'envers. **Mais l'est-il vraiment ?** Prenez un moment pour vous allonger tranquillement, où que vous vous trouviez.

Regardez en l'air. De ce point de vue, que pouvez-vous voir et comprendre sur vous-même ?

Notre capacité à changer d'angle de vue fonctionne dans les deux sens. Si quelque chose vous met sens dessus dessous, la leçon à en tirer est peut-être de vous rappeler que vous avez le pouvoir de vous réorienter. Remuez vos jambes, rassemblez votre courage et redressez-vous à l'aide d'un saut.

Parfois, nous pouvons nous sentir incapables de regarder dans une autre direction. Dans ce cas, créez votre propre renversement de situation. Adoptez une autre approche et changez de position. Il peut s'agir d'essayer quelque chose de nouveau, de bouger son corps ou de voir la vie en rose.

Bien que la Punaise ne soit pas originaire de la prairie d'antan, le fait qu'elle vive actuellement dans les plaines du Midwest est le résultat d'une invasion et d'une persistance. Lorsqu'elle est menacée, la Punaise émet une odeur de pourriture qui avertit tous les autres de le laisser tranquille.

Exploitez cette ténacité et cette détermination. Ne renoncez pas à vous-même. Trouvez un endroit chaud. Prenez le temps et l'espace dont vous avez besoin pour vous remettre sur pied.

# ÉCUREUIL RAYÉ

Tous les habitants de la Terre vivent actuellement une période d'évolution cruciale de la conscience.

Nous avons la possibilité d'accéder et de comprendre davantage le Savoir dimensionnel supérieur au cours de nos vies. Jusqu'à maintenant, certaines fréquences et compréhensions étaient complètement inaccessibles pour être expérimentées et incarnées. Pour retrouver leur souvenir, il était généralement nécessaire de passer par le processus de mort, en revenant à la forme d'âme de la conscience pure.

**Si vous lisez ceci, vous êtes prêt à explorer ce que cette période signifie pour vous personnellement. Comment êtes-vous appelé à vous mettre à niveau ?**

Comme son nom l'indique, les rayures verticales de l'Écureuil Rayé sont son signe caractéristique le plus distinctif. Chaque automne, son instinct le prépare à l'hibernation. Dans son terrier, il devient aussi immobile que possible sans mourir pour autant. Sa température est juste au-dessus du point de congélation, avec des baisses parallèles de son rythme cardiaque et respiratoire. L'hibernation est essentielle pour qu'il puisse résister aux facteurs météorologiques extérieurs indépendants de sa volonté.

Dans le tarot traditionnel, la treizième carte est la mort. Symbolique plutôt que physique, la carte de la mort indique un moment de lâcher prise, de changement, de croissance et de renaissance. L'Écureuil ancre cette énergie.

Il vous invite à vous appuyer sur ces thèmes en ralentissant intentionnellement et en vous plongeant à l'intérieur de vous pour vous rappeler ce que votre âme sait. Aussi souvent que vous en avez besoin et indépendamment de ce qui se passe dans le monde extérieur, votre sanctuaire intérieur est un lieu de repos profond et de pouvoir. Laissez votre instinct vous aider à y accéder et à l'ancrer dans votre voyage physique. La carte du Feu de Forêt peut également vous concerner en ce moment.

# NOYER

L'intelligence du cerveau n'a jamais été égalée par ce que les humains ont été capables d'inventer. Elle détient des secrets permanents que nous devons débloquer et comprendre. Habituellement, nous abordons cela à travers notre logique et nos capacités d'analyse. Cela a permis toutes sortes d'exploits et d'avancées. Cependant, la pensée exclusive du cerveau gauche écarte voire rejette complètement les choses que nous Savons sans pouvoir les expliquer rationnellement.

**Le Noyer nous aide à déballer les couches qui recouvrent notre sagesse innée et nous conseille de mettre notre cerveau au service de notre cœur, plutôt que l'inverse.** Accéder à la noix à forme de cerveau demande du travail, cela va de la secouer de l'arbre à la retirer de sa coque et enfin en fendre la coquille pour révéler la chair à l'intérieur.

La réponse à la question que vous vous posez aujourd'hui existe bel et bien. Elle est déjà en vous. Vous en êtes probablement conscient ou vous pouvez sûrement la sentir vous attirer l'attention, même si cette sensation est floue. Votre réponse est entourée d'une coquille, probablement composée de peur. Le noyer vous encourage à faire pression et à casser cette noix ! Qu'est-ce que vous avez à perdre ?

Expérimentez ce processus pour gagner en confiance. Faites des petits pas si nécessaire. Mais n'ignorez pas ce que vous Savez. Son but est de vous servir, jamais de vous nuire. Ce message est si important que le Noyer a insisté pour être inclus, même s'il ne fait pas partie de l'écosystème des prairies.

## CERF DE VIRGINIE

Quand le Cerf de Virginie se montre, cherchez un endroit tranquille pour une introspection solitaire. Si vous pouvez être à l'extérieur au soleil, c'est encore mieux. À chaque respiration, invitez un sentiment de bien-être à inonder votre corps.

Plongez dans l'espace de votre cœur pour faire le point. Que dit votre intuition sur les circonstances actuelles ?

Herbivore gracieux et magnifique, le Cerf est doté d'une vue, d'une ouïe et d'un odorat extraordinaires. En cas de danger, il se fait confiance et agit en conséquence, il s'extirpe de la situation en courant, en sautant ou en nageant. Il lève également sa queue, exposant son ventre blanc pour avertir son troupeau. Même pour les mâles et leurs bois impressionnants, se battre contre les prédateurs est généralement un dernier recours. Quand aucune menace n'est détectée, le Cerf respire la paix et le contentement.

En explorant ce qu'il vous semble juste de faire ensuite, invitez l'énergie du Cerf à servir de point de mire. Il vous regarde avec une expression d'amour, vous rappelant de revendiquer et de cultiver cet espace intérieur où vous savez que vous êtes toujours en sécurité. Vous avez accès à un Savoir spirituel plus profond, au-delà de la réaction de fuite ou de combat.

Réfléchissez à si l'une des approches suivantes soutient vos idées. Y a-t-il un moyen de désamorcer la situation au lieu d'intensifier la confrontation ? Est-ce que vous éloigner restaurerait ou favoriserait votre propre paix ?

Ou bien, la menace perçue est-elle une illusion que vous pouvez dissiper intérieurement sans céder de terrain ? Y a-t-il d'autres personnes qui pourraient bénéficier d'entendre parler des communications de votre guide personnel ? Faites appel à vos sens spirituels, mentaux, émotionnels et physiques.

**Assumez votre décision de la prochaine étape. Vous méritez de vous faire confiance.**

PEUPLIER
DICKCISSEL
VER DE TERRE
LAPIN À QUEUE BLANCHE
ÉLAN
ABEILLE
GRENOUILLE LÉOPARD
BENOITE À TROIS FLEURS
RIVIÈRE
URUBU À TÊTE ROUGE
MONARDE SAUVAGE
VENT

Les cartes bleues RESSENTIR apprennent à HONORER SES ÉMOTIONS sans jugement, tout en ouvrant la voie à des états plus souhaitables.

SENTIR

# PEUPLIER

La vue du Peuplier, dont les feuilles scintillent au soleil, est la bienvenue. Elle est une promesse de repos et de ressourcement.

Qu'en sera-t-il ? Sentez l'impatience monter.

**Laissez-vous aller à l'émerveillement en marchant vers lui, chaque pas vous en rapprochant.**

Sur les vastes étendues d'herbe plate qui constituent la prairie, le Peuplier est l'un des rares arbres présents. Il offre volontiers de l'ombre et du bois aux voyageurs fatigués. Sa présence peut également signifier un rafraîchissement, étant donné qu'il aime être près de sources d'eau.

En automne, ses feuilles prennent une teinte jaune brillant, ajoutant une beauté chaleureuse au paysage. Trouvez un endroit chauffé par le soleil sous ses bras et levez les yeux pour voir le Ciel.

Que voyez-vous écrit dans les nuages au-dessus de vous ?

Si vous vous sentez en forme, imaginez que vous grimpez le long de son tronc et que vous vous perchez sur une branche pour admirer cette vue splendide. Invitez le vent à jouer dans vos cheveux et à faire balancer vos pieds dans le vide.

Qu'est-ce qui serait le plus utile ou le plus souhaitable en ce moment ? Qu'est-ce qui ressemblerait à un miracle ? Demandez à l'Univers de l'amener dans votre vie. Croyez en le fait que vous êtes entendu.

Et quand votre cadeau arrive, sous quelque forme que ce soit, déballez le présent qu'il contient.

# DICKCISSEL

Pour le Dickcissel, toutes les prairies sont une scène, le public n'étant pas nécessaire. Lorsqu'il chante son propre nom, sa tête se dresse, comme s'il avait un cric dans la gorge. Quelle est la mélodie qui désire vous traverser ?

N'oubliez pas que la création est l'énergie de la vie. Lorsque le Dickcissel se présente, la question n'est pas de savoir s'il faut collaborer avec lui, mais *comment*. Lorsque vous composez votre propre chanson, qu'est-ce qui la rend vraie ?

**Le Dickcissel vous encourage à créer avant tout pour vous-même.**

Si vous ressentez une hésitation, un doute ou une énergie stagnante, faites appel au Dickcissel pour vous éclairer.

Pendant la période de reproduction, la principale contribution du Dickcissel est la défense du territoire, sa poitrine jaune vif étant exposée au monde entier. Imaginez que vous placez un emblème similaire sur votre poitrine, un rappel de la lumière unique et parfaite qui brille en vous. Commencez votre création à partir de là et ne laissez rien ni personne vous arrêter.

Lorsque vous êtes prêt, trouvez une tige sur laquelle vous percher et criez de tout votre cœur. Exprimez-vous sans tenir compte du fait que quelqu'un reçoive, approuve ou assume votre symphonie. Si c'est de la musique pour vos propres oreilles, continuez.

D'autres oiseaux comme le Pygargue à Tête Blanche, le Grand-Duc d'Amérique et la Sturnelle peuvent également avoir une signification pour vous en ce moment, ou vous pouvez également tirer des cartes supplémentaires pour obtenir des informations spécifiques à votre situation.

# VER DE TERRE

Comment vous sentez-vous par rapport à votre physique ?

Chaque corps est digne de recevoir et de donner un amour inconditionnel.

Il n'y a pas de forme, de taille, de couleur, de compétences ou d'âge parfaits. En nous disant le contraire, la société moderne nous inculque des idées néfastes qui nous dressent souvent contre notre propre enveloppe corporelle.

Pour les Vers de Terre, qui n'ont pas de poumons, la peau est essentielle pour respirer. Un sol humide rend la tâche plus difficile, c'est pourquoi nous les voyons en général après la pluie.

Avez-vous connu des tempêtes récemment ? Lorsque le Ver de Terre sort de terre, demandez-lui ce qui remonte à la surface et prenez une grande inspiration.

Au cours de votre auto-évaluation, vous pouvez vous poser les questions suivantes : Qu'est-ce que je pense des changements naturels de mon corps au fil du temps ?

Quelle est ma relation actuelle avec la santé et le bien-être ? Est-ce que je compare mon apparence, mes capacités ou ma façon d'être à d'autres périodes de ma vie ? Aux gens qui m'entourent ?

**Quoi qu'il en soit, le Ver de Terre vous encourage à sortir du mode jugement.**

Sans yeux, sans oreilles, sans squelette et sans membres, il navigue en utilisant d'autres sens et capacités. Activez les vôtres également.

Quelle que soit votre condition en ce moment précis, être en vie est toujours un cadeau, même si/quand vous n'en avez pas l'impression. Vous êtes bien là, et vous avez encore la possibilité de choisir.

Remuez-vous et aérez le sol émotionnel dans lequel vous vous trouvez. Remplissez vos poumons et faites circuler l'oxygène dans tout votre corps. Qu'est-ce qui favoriserait la responsabilisation et la gratitude ? Respirez et envoyez cette sensation à toutes les cellules de votre corps.

# LAPIN À QUEUE BLANCHE

**À tout moment, chacun de nous peut accéder au flux universel de la Mère Divine qui soutient, chérit et crée.**

Quand le Lapin à Queue Blanche est en vue, c'est le moment de puiser consciemment dans ce puits, que ce soit pour vous-même ou pour un autre. Nous portons tous des énergies masculines et féminines. Et nous avons tous la capacité de materner.

Les lapins sont connus pour leur reproduction prolifique. Chaque année, le Lapin à Queue Blanche donne naissance à plusieurs portées avec à chaque fois de nombreux petits. Pour se préparer, la Lapine arrache même sa propre fourrure pour isoler le nid. Après une gestation d'un mois, elle élève seule ses petits, les nourrissant à l'aube et au crépuscule. Très vite, les lapereaux quittent le nid et se retrouvent seuls. Les Lapins à Queue Blanche sont des créatures solitaires, ne se réunissant que pour l'accouplement. Ça vous paraît épuisant ? C'est normal de se demander comment la Lapine fait, à recommencer encore et encore.

Pourtant, d'une manière ou d'une autre, la Lapine à Queue Blanche trouve les réserves dont elle a besoin pour continuer à donner la vie. C'est digne d'un miracle.

Si vous vous sentez poussé à bout, vide ou accablé, trouvez un endroit calme et protégé pour vous ressourcer. Touchez la Terre physiquement, avec votre corps si possible. Imaginez et ayez l'intention de vous connecter à la Source, ou tout autre nom que vous préférez pour désigner l'Unité spirituelle qui nous relie et nous nourrit tous. Recevez cette force vitale et explorez son flux d'amour naturel actuel.

Avez-vous besoin de vous materner ? Comment cela se traduit-il ? Souvenez-vous que, peu importe votre degré de solitude, vous n'êtes jamais vraiment seul. Y a-t-il d'autres personnes à votre charge ? S'ils se tournent vers vous pour être maternés, ayez confiance et tirez parti de ce flux. Comme la Lapine à Queue Blanche, nous avons tous une grande capacité à nourrir et entretenir sans épuiser nos ressources.

# ÉLAN

Certaines expériences de la vie nous font désirer le réconfort et la sagacité d'un aîné bien-aimé, quelqu'un qui sait ce que l'on ressent - et que cela ne durera pas éternellement. Si vous vous sentez englouti, saturé, ou dépassé en ce moment, prenez courage. L'Élan surveille le pont vers l'au-delà avec la plus grande attention.

Il arrive quand le seul moyen est de passer.

L'Élan est plus actif à l'aube et au crépuscule, ces moments de transition entre la nuit et le jour. Bien qu'il soit fort et rapide, son message aujourd'hui porte davantage sur l'endurance spirituelle. Comment ses attributs se traduisent-ils ? Commencez par les bois qui poussent depuis votre couronne vers le ciel. Rejetez tout état d'esprit qui vous demande de tronquer vos sens d'outre-monde jusqu'à ce que la situation soit terminée.

« On n'a jamais rien sans rien » et « travailler dur, jouer dur » peuvent sembler des expressions inoffensives mais leur empreinte énergétique est fragmentante, surtout lorsque nous n'avons plus rien de physique à donner. Se surpasser n'est pas la solution.

Trouvez un moment pour vous connecter à l'énergie de la Source ou de Dieu. À quoi cela ressemble-t-il pour vous ? L'Élan étant célèbre pour son brame, envisagez des options sonores telles que votre propre fredonnement ou chant. Demandez-vous ce qui pourrait alléger votre charge mentale. Pensez au dessin sur la fourrure de l'Élan, qui constitue une couche supplémentaire en hiver. Son sous-poil garde la chaleur, même si la couche extérieure de sa fourrure est couverte de neige. Qu'est-ce qui vous empêcherait d'absorber les circonstances extérieures au détriment de votre confort intérieur ? Invitez le cousin de l'Élan, le Cerf de Virginie, à vous aider à faire confiance à votre Savoir. Bien que l'Élan mâle ait une présence physique plus imposante, les troupeaux d'Élans sont en fait matriarcaux. **Laissez votre Savoir vous conduire sur le pont, et découvrez à quel point vous êtes fort.**

# ABEILLE

L'Abeille est généreuse. Tout comme une aiguille tire un fil, elle bourdonne de fleur en fleur, cousant de minuscules points parfaits dans le tissu de la vie. Sa récolte de pollen et de nectar assure de la nourriture pour beaucoup d'êtres, nous, humains, y compris. Avec les autres ouvrières, elle produit également une quantité étonnante de miel, plus que ce dont la ruche a besoin. Riche, collante et précieuse, cette douceur ambrée ne se gâte jamais.

Entrer dans l'énergie de l'Abeille offre plus de possibilités qu'il n'y a d'hexagones dans un nid d'abeilles. Selon les circonstances, l'influence de son esprit généreux peut s'exprimer de différentes manières.

D'un côté, votre coupe peut être trop pleine dans un sens matériel ou métaphysique. Pas besoin de trop réfléchir à comment relâcher votre surplus de miel. Le débordement se fera de manière organique au rythme de cette vibration si vous le décidez. Volez avec l'Abeille, en répandant la joie par les moyens qui vous viennent naturellement.

À l'opposé, vous pouvez ressentir du vide, voire du désespoir. Lorsque la douceur de la vie ressemble à un piège, le fait de devoir la partager peut être ressenti comme une censure. Mais ce n'est pas la façon de faire de l'Abeille. Écoutez son bourdonnement lorsqu'elle vous tient compagnie dans l'obscurité. Demandez-lui de vous aider à voir les fils qui nous relient tous à la vie et les uns aux autres. Sentez les fils d'or à l'intérieur de vous, des filaments de foi et d'abondance enroulés ensemble et prêts à l'emploi. Votre cordon ombilical avec la Grande Mère est toujours intact, même lorsque vous ne pouvez pas le voir. **Avec chaque renaissance à partir du vide, vous avez une plus grande capacité à partager cette certitude.**

Vous pouvez également consulter la Fourmi des Prairies, avec laquelle l'Abeille partage un fonctionnement en colonie. Les insectes ont beaucoup à nous apprendre si on les laisse faire.

# GRENOUILLE LÉOPARD

**Ce n'est pas parce que quelque chose ne vous est pas familier que cela signifie qu'il est mauvais.** Cela peut être difficile à garder en tête lorsqu'on découvre quelque chose d'étranger ou que l'on entame un nouveau chapitre de vie. Nous avons tendance à considérer que ce qui est agréable est donc bon.

En soi, il n'y a rien de mal à rechercher du réconfort. En fait, c'est parfois exactement ce dont nous avons besoin. Mais lorsque la Grenouille Léopard saute jusqu'à vous, votre défi peut être de vous acclimater à de nouvelles eaux - au lieu de vous éjecter avec un glapissement. Acceptez votre métamorphose. Mouillez-vous. Laissez l'eau vous retenir, vous soutenir et vous maintenir à flot jusqu'à ce que vous soyez assez fort pour nager en suivant le courant.

Sur une période de plusieurs semaines, les Grenouilles Léopard vivent un incroyable périple pour atteindre la maturité. Pendant la phase têtard, elles doivent rester dans l'eau pour survivre. Quand elles peuvent enfin s'aventurer dans les prairies pour chasser des insectes, leur forme est méconnaissable par rapport au début. À l'âge adulte, ce sont des nageuses agiles qui restent liées à leur besoin d'eau, elles hibernent même sous l'eau pendant l'hiver.

La Grenouille Léopard partage un lien de parenté avec d'autres annonciateurs de changement. Alors que la Libellule et le Papillon Glauque offrent des suggestions actives sur la manière d'aborder le changement, la Grenouille Léopard se concentre sur l'acceptation des sentiments qui font surface. Si vous avez du mal à trouver la paix pendant cette transition, consultez la Rivière pour qu'elle vous propose une visualisation facilitatrice. Vous pourriez également trouver utile le message d'amour du Ver de Terre, qui prône l'acceptation de soi sans jugement. Cultiver un état psychologique optimal vous aidera à glisser vers un vous plus évolué, avec de nouvelles capacités ainsi qu'avec une propension à la croissance.

# BENOÎTE À TROIS FLEURS

La densité des formes et des sentiments fait partie de l'expérience humaine, mais nous n'avons pas à y concentrer notre conscience.

Comment pouvons-nous nous sentir dans un autre état d'esprit ? Les volutes florales délicates situées en haut de la Benoîte à Trois Fleurs sont une image utile pour développer votre sentiment d'être éternellement libre.

En bouton, ses fleurs pendent, serrées par les sépales. Le Bourdon se fraye vite un chemin, avec l'intention d'accéder au nectar du début du printemps. Grâce à la pollinisation et la fécondation, les fleurs finissent par se dresser et éclater en une splendeur vaporeuse rosée.

En temps voulu, le soleil sèche ces graines et le vent les disperse, recommençant ainsi le cycle. **Apercevoir une Benoîte à Trois Fleurs signifie que quelque chose est prêt à être débloqué.**

Elle propose des pistes pour vous lancer dans une introspection, mais c'est à vous de choisir de les suivre ou non. Y a-t-il quelque chose qui vous pèse ou qui vous enferme ? Parfois, il est nécessaire de faire une pause pour réussir à avancer. Peut-être qu'une circonstance extérieure impose une confrontation ou un changement, qu'ils soient souhaités ou non. Et si ça faisait partie de votre processus de fécondation ? Il pourrait s'agir d'une opportunité de croissance importante.

Ou peut-être ressentez-vous une certaine lourdeur sans savoir exactement pourquoi.

Quoi qu'il en soit, la Benoîte à Trois Fleurs vous encourage à vous réorienter activement – sans jugement ni condamnation – grâce au pouvoir de votre propre choix, en cet instant précis. Comment votre corps se sent-il si vous vous concentrez sur une énergie vibratoire plus élevée, comme l'amour, la gratitude ou la compassion ? Quelles sont les croyances qui génèrent naturellement un sentiment de liberté en vous ? Méditez sur ce qui vous aiderait à vous redéfinir. Le Bison ou l'Écureuil Rayé peuvent aussi avoir des conseils pour vous.

# RIVIÈRE

Le flux d'amour Universel est toujours là, toujours en mouvement, toujours libre. La Rivière vous offre aujourd'hui une expérience de méditation apaisante. Elle vous aidera à plonger dans la paix qui s'accumule sous la surface, dans le cœur de Tout ce qui est. Vous pouvez trouver cela particulièrement utile si vous vous êtes senti agité, vieux, blessé, pressé ou bloqué de quelque manière que ce soit.

Installez-vous confortablement dans un endroit tranquille et fermez les yeux. Adoptez un rythme respiratoire qui vous semble apaisant.

Visualisez un cours d'eau lent et peu profond qui traverse la prairie. Voulez-vous vous y plonger ?

Mettez-vous sur le dos et détendez-vous dans le lit de la Rivière. Vos mains, vos pieds et le dessous de votre corps vont possiblement toucher des roches lisses pendant que vous flottez, en continuant vos inspirations et expirations mesurées. Écoutez le bruit de l'eau qui s'écoule. Pouvez-vous sentir votre corps se ralentir ?

Quand vous êtes prêt, immergez-vous complètement. Soutenu par la Rivière de tous les côtés, laissez-vous aller à l'apaisement et à la paix. Alors qu'elle vous submerge, vous découvrez que vous pouvez respirer en elle. Pas besoin d'aller chercher de l'air. Vous voudrez peut-être vous déplacer dans l'eau ou même laisser la Rivière vous porter vers l'avant pour voir ce qui se trouve au prochain virage. Restez dans ce visuel aussi longtemps que vous le souhaitez.

**Chaque fois que vous commencez à vous sentir séparé – de la paix, de vous-même, de la Source – la Rivière vous invite à revenir.**

Après tout, vous êtes elle, et elle est vous, car vous êtes tous deux une partie du Tout.

# URUBU À TÊTE ROUGE

Une horde d'Urubus à Tête Rouge plane dans le Ciel azur au-dessus de nos têtes, glissant sur les courants d'air avec grâce et aisance. Alors que vous les observez, l'un d'entre eux entame une descente vers vous, réclamant votre attention.

Il propose un cours sur l'art de l'alchimie, et vous êtes invité, ainsi que tous les déchets que vous avez pu accumuler au fil du temps. C'est le jour où l'on sort les poubelles.

Charognard chevronné, l'Urubu à Tête Rouge fournit des services de nettoyage essentiels dans le monde naturel. Si ses sens olfactifs finement développés l'aident à localiser son prochain repas, son système digestif est la véritable star, lui permettant de manger de la charogne en décomposition sans tomber malade. Ses puissants sucs gastriques décomposent et extraient la nourriture des carcasses que les autres créatures laissent derrière elles, empêchant ainsi la propagation de maladies. Son urine fait également double emploi, visant à nettoyer ses jambes en cas d'accident du travail. Il s'accouple pour la vie (qui a tendance à être longue car il a peu de prédateurs), et vit en grands groupes sociaux.

Dans la vie, nous croisons tous des indésirables. Nous pouvons toujours choisir comment réagir. L'Urubu à Tête Rouge nous rappelle notre capacité à réagir sans perpétuer le mal. Son énergie nous apprend à utiliser notre cœur comme une poubelle sacrée, à traiter nos propres déchets afin de pouvoir les évacuer en toute sécurité sans boucher les tuyaux de la communauté.

**Vous pouvez transmuter l'énergie indésirable.**

Il ne s'agit pas d'être un martyr ou de porter ses déchets comme une médaille d'honneur. Il s'agit plutôt d'une volonté de ressentir pleinement et de témoigner des émotions difficiles en vous (et même dans le collectif, si vous le souhaitez). La magie alchimique a lieu lorsque vous enveloppez tout cela dans l'étreinte incroyablement puissante de l'amour inconditionnel et du pardon.

# MONARDE SAUVAGE

Chacun d'entre nous peut prétendre à l'innocence palpitante du plaisir, non altérée et non diluée. Et a le droit de danser, chanter et profiter pleinement.

Quel que soit le nom que vous lui donnez – Monarde Sauvage, Mélisse, ou Sauropus androgynus – cette jolie herbe vous offre aujourd'hui un enchantement délectable.

Pendant le bal annuel de la parade nuptiale des fleurs dans la prairie, ses fleurs tubulaires invitent les pollinisateurs à siroter un nectar et un pollen sucrés. En retour, la danse d'amis comme le Bourdon, le Colibri et le Papillon l'aide à répandre sa poussière de fée engendrant de nouvelles vies.

L'arôme d'origan de la Monarde Sauvage dissuade les mammifères tels que le Bison, le Cerf ou le Lapin de la manger.

La Monarde Sauvage connaît de nombreux sortilèges de joie.

Y a-t-il un miasme de honte, de culpabilité ou d'indignité qui obscurcit votre réceptivité ? Demandez-lui de vous aider à le dissoudre.

Vous interdisez-vous le plaisir parce qu'il est improductif ? Suivez son exemple en fixant des limites qui vous permettront de vivre.

Vous n'êtes pas un rouage dans la roue illusoire de ce qui vous semble plus grand que vous. **Cultivez le temps et l'espace pour tout ce qui vous apporte du bonheur, même si cela n'accomplit rien d'autre.**

Cela peut être aussi simple ou aussi grandiose que vous le souhaitez.

# VENT

Le Vent exerce un large éventail d'influences, allant de la caresse au jeu, en passant par l'utilité et la destruction. De même, nous avons tous la possibilité d'exercer notre pouvoir personnel de diverses manières. Comment saurons-nous quelle est la meilleure réponse à une situation spécifique ? La réponse consiste à laisser les commandes à notre intuition.

Cela peut mettre au défi ceux d'entre nous qui ont l'habitude de fonctionner avec leur esprit logique. Notre malaise peut provenir d'un besoin de contrôle, de prédiction et de micro-gestion, car cela nous donne une illusion de certitude, de sécurité ou de sûreté. Eh bien, le Vent est là pour souffler et faire tomber ce château de cartes.

Le fait que la prairie soit un espace ouvert donne libre cours au Vent, au service du Tout.

Ses rafales distribuent le pollen et les graines, stimulent les oiseaux en vol et permettent aux Incendies de Forêt, dont nous avons tant besoin, de réinitialiser l'habitat. Les plantes des prairies, fortes de leur propre force grâce à un système de racines souterrain et complexe, sont capables de résister à toutes les formes du Vent. Ensemble, ils créent de la beauté grâce à l'effet d'ondulation de la brise sur les hautes herbes.

Contrôler le Vent est non seulement impossible mais inutile. **De même, plus vous vous alignez sur votre intuition et vivez en accord avec elle, plus il est facile d'entrer dans un état psychologique optimal, en ayant confiance qu'elle ne vous égarera pas.**

Parfois, cela fera ressortir de la tendresse, d'autres fois des rugissements, ou n'importe quoi d'autre entre les deux - tout cela est normal. Pourquoi ?

Parce que ce sont des réactions honnêtes et réelles.

Bien sûr, votre esprit logique a également son importance. Mettez-vous au défi de l'utiliser au service de votre Savoir intérieur, plutôt que l'inverse.

BLAIREAU
ANDROPOGON GERARDII
PUTOIS À PIEDS NOIRS
TORTUE-BOÎTE
ASCLÉPIADE TUBÉREUSE
PAPILLON LUNE
STURNELLE
COUGAR
SERPENT-ROI DES PRAIRIES
SOL DES PRAIRIES
RUDBECKIE POURPRE
MOUFFETTE RAYÉE

Les cartes vertes AFFIRMER inspirent la REPRISE DE VOTRE POUVOIR en activant et en maniant l'autorité de soi.

# AFFIRMER

# BLAIREAU

Peu importe qui ou quoi, chaque être a le droit à l'auto-souveraineté sur son corps et son champ énergétique.

Que ressentez-vous en lisant cette affirmation ?

Votre réaction peut vous indiquer si vous abandonnez ou non une partie de votre pouvoir personnel en ce moment. C'est peut-être de manière inconsciente, et encore moins de manière intentionnelle.

Le Blaireau veut vous aider à assumer pleinement votre autorité sur vous-même. Il assure vos arrières. Est-ce que c'est le cas pour vous aussi ?

Le Blaireau peut se défendre contre la plupart des prédateurs. Féroce, robuste et solitaire, il est prompt à se défendre et à défendre son territoire.

Il défend sa position en sifflant, en grognant et en attaquant si nécessaire, quelle que soit l'importance de la menace par rapport à lui-même.

Si vous approuvez tout cela et que cela vous donne le sentiment d'être stable et validé, l'énergie du Blaireau vous fait probablement penser à un vieil ami qui vient vous féliciter. Dans ce cas, continuez.

Sinon, demandez-vous s'il n'est pas temps pour vous de vous exprimer. Serait-il utile pour votre bien-être d'établir des limites plus fermes ou bien d'éjecter quelque chose hors de votre vie ?

Le Blaireau n'est pas là pour encourager ou tolérer la violence en elle-même. Son énergie cherche plutôt à enhardir et à fortifier.

**Comment pouvez-vous défendre fermement vos intérêts à tout moment et en toutes circonstances ?**

# ANDROPOGON GERARDII

Les anciennes visions du service exigeaient un sacrifice perpétuel de soi pour l'autre. Faire passer vos propres besoins, vos envies, et vos désirs en premier était perçu comme égoïste.

Alors que nous avançons vers une plus grande liberté et autonomie personnelle, il est temps de se réapproprier l'idée de service.

Lorsque notre point de départ est la compassion pour TOUS, y compris nous-mêmes, notre production naturelle soutient le Tout, volontairement et inconditionnellement. En revanche, ni l'obligation ni le paternalisme autoritaire ne constituent un terrain fertile.

Pour un modèle prêt à l'emploi, ne cherchez pas plus loin que le roi des herbes de la prairie. Robuste et résistant, l'Andropogon Gerardii règne du haut de ses 1 m 80 à 2 m 50. Sa graine se divise en une une grappe de fleurs à trois épis qui imite son surnom, le

« Pied de Dinde ». D'autre part, son système racinaire s'étend jusqu'à 3 m 50 sous terre.

En répondant à son propre besoin de survivre à la sécheresse ainsi qu'à d'autres conditions météorologiques, l'Andropogon Gerardii est naturellement bénéfique au Sol en stabilisant et en empêchant l'érosion. L'Andropogon Gerardii permet également à de nombreux habitants des prairies de vivre. Son feuillage les nourrit, allant des mammifères herbivores aux insectes. Il abrite également des oiseaux nicheurs et des insectes en quête de protection et d'un endroit où s'épanouir.

L'Andropogon Gerardii vous encourage à vous enraciner profondément et à vous dresser, tel un pont entre la Terre et le Ciel. **Lorsque vous vivez en alignement avec votre vérité personnelle, votre présence se stabilise, offrant naturellement un havre accueillant pour les autres qui cherchent à faire de même.** Qu'est-ce que vous allez faire fleurir ?

Explorez la signification de la trialité en tant que force unificatrice. D'autres groupes de trois à considérer sont l'esprit, le corps, l'âme ; le passé, le présent, le futur ; et le moi, le toi, le nous.

# PUTOIS À PIEDS NOIRS

Nous héritons tous de certaines manières d'être.

Nous sommes nés dans des familles dont les modèles, la dynamique et l'ADN varient. On nous donne des feuilles de route à suivre pour les structures et attentes socio-politico-économiques et on nous dit généralement ce qu'il faut faire – ou ne pas faire – depuis l'enfance.

*Suivez les règles, allez à l'école, trouvez un emploi, payez vos factures, ne faites pas de vagues.*

Mais cela ne signifie pas que nous sommes impuissants et qu'il est impossible de les changer, même si c'est parfois l'impression que ça donne. C'est juste le point de départ.

Notre droit de naissance en tant qu'âmes incarnées est de choisir pour nous-mêmes ce à quoi nous allons participer, ce pour quoi nous allons donner notre énergie, les espaces que nous allons occuper. Nous avons le pouvoir, individuellement et collectivement, de prendre les rênes et de nous réapproprier la façon dont nous passons nos journées.

Le Putois à Pieds Noirs n'hésite pas à s'approprier le monde de quelqu'un d'autre. En fait, c'est la clé même de sa survie. Il s'installe dans les terriers souterrains complexes du Chien de Prairie, sa proie numéro un, pour chasser et s'abriter.

À cause de la décimation de la population et de l'habitat des Chiens de Prairie, le Putois à Pieds Noirs a failli s'éteindre à la fin du XXe siècle. Bien qu'ils restent menacés d'extinction, les efforts de préservation en cours favorisent leur rétablissement.

De la même manière, aucun d'entre nous n'existerait sans ceux qui l'ont précédé. **Vous pouvez avoir de la gratitude et recevoir ce qui fonctionne pour vous, tout en rejetant ce qui ne fonctionne pas.**

# TORTUE-BOÎTE

La Tortue-Boîte est inséparable de sa carapace et mourrait sans elle. Elle porte toujours sa meilleure forme de protection et d'abri sur son dos, en exposant son motif complexe et magnifique qu'elle arbore avec fierté. Lente et régulière, elle avance dans le monde à son propre rythme.

Aujourd'hui, elle se promène pour souligner ce que vous partagez tous deux. Vous vous ressemblez plus que vous ne le pensez. **Comme la Tortue-Boîte, vous êtes venu au monde avec des forces et des propensions qui vous appartiennent, à vous et à vous seul.** Admettre et reconnaître votre droit d'exister en leur sein favorisera un sentiment de sécurité et d'autonomie. Elles vous appartiennent, et ce pour toujours. Vous ne pouvez pas les changer, les perdre ou les rompre. Soyez patient avec vous-même, surtout si vous avez l'impression de ne pas découvrir ou comprendre vos attributs et dons uniques aussi rapidement que vous le souhaitez. Ce n'est pas une course, et vous n'avez pas besoin de courir après ce que vous avez déjà.

Prenez le temps de vous retirer dans votre propre sanctuaire intérieur. Apprenez à vous connaître loin de l'agitation et de la précipitation du monde extérieur. Faites l'expérience de votre propre majesté sans comparaison, distraction ou jugement. Quand vous serez prêt à repartir, vous le ferez avec une conscience plus holistique de tous vos composants et de la façon dont ils fonctionnent ensemble au service de votre chemin de vie le plus élevé.

# ASCLÉPIADE TUBÉREUSE

Se synchroniser avec des personnes, des lieux, ou des idées qui sont en adéquation avec nous-mêmes est énergisant au lieu d'être épuisant.

Comment cette dynamique se manifeste-t-elle dans votre vie en ce moment ? La relation symbiotique entre l'Asclépiade Tubéreuse et le Monarque est un merveilleux modèle d'échange sain.

Les mères Monarques pondent leurs œufs sous les feuilles de l'Asclépiade pour les abriter et les protéger. Lorsque la Chenille sort de son cocon, ces feuilles deviennent son petit déjeuner (et déjeuner, et dîner). En fait, les plantes de la famille des Asclépiades sont sa seule source de nourriture.

Après s'être transformé, le Monarque continue à se nourrir de l'Asclépiade Tubéreuse à travers le nectar de ses fleurs. Ingérer les toxines de l'Asclépiade Tubéreuse offre également à la Chenille et au Monarque une protection précieuse contre les prédateurs qui préfèrent ne pas tomber malade. En retour, le Monarque favorise la prolifération de l'Asclépiade Tubéreuse grâce à la pollinisation.

Ensemble, cette paire apporte une agréable touche d'orange dans le paysage de la prairie qui est principalement vert et marron. L'orange est la couleur du chakra sacré, qui concerne la passion, la créativité, l'intimité et les relations.

Ressentez-vous de l'harmonie dans ces domaines ?

Si ce n'est pas le cas, évaluez les ajustements, les transitions, voire les transformations qui s'imposent.

Si vous décidez de vous associer à quelqu'un ou à quelque chose, évaluez l'atmosphère générale. Est-elle plutôt terne ou colorée ? Éreintante ou revigorante ?

Par définition, les deux parties sont gagnantes dans une relation mutuellement bénéfique. **Qu'il s'agisse d'aller de l'avant ou de redoubler d'efforts, cela dépend toujours de vous.**

# PAPILLON LUNE

Par une nuit sans lune, une tache verte solitaire et phosphorescente traverse la frontière entre la forêt et la prairie. Ses ailes diaphanes et sa queue virevoltante ondulent dans l'air. Le Papillon Lune se révèle, se posant sur vos mains pour réclamer votre attention. Bien assez tôt, ayant atteint son but, il repart vers les arbres.

En le regardant partir, vous portez vos mains à votre cœur, fasciné. Que cela peut-il signifier ? Un éclat lumineux s'étend du centre de votre poitrine vers l'extérieur et se propage dans toutes vos extrémités. Vous réalisez qu'il a toujours été là. Le Papillon Lune l'a simplement rendu visible à votre esprit conscient.

Comme une chenille affamée, fraîchement éveillée et cherchant du carburant partout où elle peut en trouver, votre propre cheminement spirituel peut avoir été caractérisé par une avidité d'informations venant de l'extérieur. Cette visite pourrait être un avertissement pour aiguiser votre discernement et changer votre manière de consommer.

De manière plus générale, l'apparition du Papillon Lune marque une transition nécessaire – ou un retour – à l'apprentissage venant de l'intérieur de votre propre Savoir.

Après avoir atteint l'âge adulte, le Papillon Lune ne mange pas pendant toute la durée de sa courte vie, ayant déjà tout ce dont il a besoin en lui. Dans votre propre quête en tant que chercheur de vérité et de connaissance, rayonnez vers l'extérieur à partir de votre propre cœur. **Mesurez ce que vous rencontrez par votre propre lumière, au lieu de l'inverse.** Les informations externes s'éclaircissent-elles ou s'assombrissent-elles ? Qu'est-ce que ça vous dit ?

Vous êtes connecté à l'ultime Source de Lumière et avez la possibilité de l'incarner davantage dans cette vie. Personne d'autre ne peut le faire pour vous. C'est à vous de décider.

# STURNELLE

Le besoin de se protéger fait partie intégrante de la vie.

Quand la Sturnelle atterrit, observez et apprenez. Cet oiseau chanteur sait comment rassembler ses atouts pour défendre la vie nouvelle. Faire son nid au sol met la Sturnelle en position de vulnérabilité, l'exposant elle et sa famille à la Mouffette, au Coyote et au Serpent, entre autres.

Elle fait preuve d'ingéniosité pour protéger son nid en choisissant des zones denses et en employant des méthodes de dissimulation.

Bien sûr, les habitudes de la Sturnelle ne sont pas des preuves irréfutables. La mort est inévitable. Certains de ses petits survivent, d'autres non. Si l'objectif était d'éviter l'échec, la perte ou la déception, pourquoi pondre des œufs en premier lieu ? Et pourtant, elle le fait - généralement deux couvées par saison. La Sturnelle nous rappelle qu'il existe un sort bien pire : celui de ne jamais essayer ou d'abandonner complètement.

**Elle nous apprend à protéger notre vie, au lieu de nous protéger des expériences de la vie.**

Vos rêves, vos aspirations, vos objectifs et vos espoirs sont dignes de vos soins et de votre attention, quoi qu'il en coûte. Que voudriez-vous qu'il reste de vous après votre passage sur terre ?

Cela est particulièrement important au cours des premières phases vulnérables. Le conseil de la Sturnelle est peut-être de garder une chose près de votre poitrine pour l'instant, pendant sa gestation. Pas tout le monde est digne d'être intime avec ce que vous faites naître. Honorez-le en fixant des limites, en vous défendant contre les menaces extérieures et en utilisant votre instinct pour le protéger avec tendresse afin qu'il puisse se développer.

# COUGAR

De nos jours, il est peu probable que vous aperceviez un Cougar dans la prairie, mais saviez-vous que son aire de répartition était autrefois la plus vaste des mammifères du monde occidental ? Il portait différents noms selon les groupes d'êtres humains, notamment Cougar, Panthère, et Puma. Au fur et à mesure que les colons se déplaçaient à travers l'Amérique du Nord, ils s'appropriaient la terre et le poussaient vers l'Ouest en poursuivant de manière pernicieuse leur propre hiérarchie.

Pouvoir l'apercevoir aujourd'hui sur le plan énergétique est un cadeau généreux de ce chat étonnant et insaisissable. Arrêtez-vous.

Renversez la hiérarchie et rencontrez le Cougar avec le respect qui lui est dû, en tant qu'égaux dans votre propre pouvoir, ancrés dans l'interdépendance et la conscience de l'amour que les êtres sensibles partagent. Établissez un contact visuel, tenez-vous droit, et apprenez de son courage.

La réputation du Cougar en matière de prouesses de chasse est bien méritée. Grâce à sa discrétion, sa ruse et sa patience, il traque avec succès ses proies, du Cerf à la Souris. Le Cougar fait bon usage de sa vision et de son ouïe nocturne, et son bond est une surprise qui ponctue son silence observateur.

Comment pouvez-vous appliquer cette énergie à votre propre vie ? Commencez par clarifier ce que vous recherchez ou désirez en ce moment.

Interrogez honnêtement l'honorabilité de votre quête, y compris votre intention et votre impact.

**À quoi ressemble le pouvoir personnel lorsque nous revendiquons et remplissons pleinement nos rôles individuels, tout en nous rappelant que nous faisons partie d'un Tout plus vaste ?**

Faites appel au Cougar pour vous aider à maîtriser l'effort et le timing qui serviront le mieux votre objectif. La Buse à Queue Rousse peut également être un messager de soutien pour vous en ce moment.

# SERPENT-ROI DES PRAIRIES

Imaginez-vous marcher dans la prairie par une chaude nuit d'été. À votre gauche, le Soleil se fond dans le Ciel, comme une boule de sorbet coulant sur le trottoir à cause de la chaleur. Vous pouvez entendre les oiseaux chanteurs triller ainsi que le bruissement occasionnel de petits rongeurs. Vous vous détendez dans l'instant, vos doigts suivent les longues herbes tandis que vous serpentez vers un ruisseau.

À quelques mètres de là, un léger mouvement dans les rochers près de l'eau attire votre attention. Un Serpent ! Faites une pause et soyez attentif. Comment votre corps réagit-il ? Qu'est-ce que le Serpent active en vous ?

Lorsque le Serpent-Roi des Prairies apparaît, il est probablement temps de se débarrasser d'une peur, d'une inquiétude ou d'une anxiété quelconque. Cette époque est révolue. Remarquez si le pouvoir qu'il détenait sur vous dans le passé vous paraît étroit et contraignant. Êtes-vous prêt à en voir et à en nommer la source ?

Imaginez-vous en train de vous approcher du Serpent-Roi des Prairies et de le regarder dans les yeux. Soyez prêt à témoigner par vous-même et à faire confiance à ce qui vous vient à l'esprit. Bien qu'il soit confondu avec le Serpent à Sonnette, le Serpent-Roi des Prairies n'est pas venimeux. Il est également imperméable au poison des autres serpents et peut même les manger, d'où le mot « roi » dans son nom. Il peut être difficile de distinguer les serpents sans les examiner de près.

**Nous devons tous faire preuve de discernement pour identifier nos peurs, ces illusions qui se font passer pour des vérités.** Restez ferme dans votre Savoir de qui vous êtes et dans votre lien avec une puissance supérieure. Tirer des cartes supplémentaires pourrait vous aider. L'éternité de votre esprit est toujours assurée. Utilisez votre autorité pour vous mettre au diapason de la conscience qui est en vous et recevoir des indications sur ce qui vous serait le plus utile en ce moment.

# SOL DES PRAIRIES

Au cours de cette vie et de celles que nos âmes ont vécues auparavant, nous traversons de nombreux cycles de mort et de renaissance, au sens littéral et métaphorique.

Qu'on les qualifie de bonnes ou de mauvaises, nos nombreuses expériences sont comme un engrais pour la croissance de l'âme. Nous pouvons en tirer des nutriments tels que le pardon, la compréhension, la sagesse et une plus grande capacité de compassion.

Reconnu depuis longtemps pour sa puissance, le Sol des Prairies nous montre comment faire.

Sa douceur profonde et sombre, semblable à celle d'un ventre de mère, absorbe l'ancien et l'utilise pour soutenir le nouveau.

Les systèmes racinaires massifs et denses des plantes des prairies et des autres organismes laissent derrière eux des nutriments lorsqu'ils se décomposent - un héritage de richesses. Comme le Sol des Prairies, plus de la moitié des plantes des prairies sont cachées sous terre. Ce système complexe permet non seulement de préserver le Sol des Prairies en le maintenant en place, mais aussi de filtrer l'eau.

**Votre âme a également la capacité de retenir, de filtrer et de puiser dans la plénitude de votre passé via un état d'esprit neutre.**

Si certains souvenirs ou sentiments refont surface, explorez ce qu'ils pourraient essayer de vous apporter afin d'aider la situation qui vous préoccupe actuellement.

Le Sol des Prairies peut également apparaître pour vous encourager à accéder à des informations provenant de vies antérieures qui sont restées cachées jusqu'à ce que vous en ayez besoin et que vous soyez prêt à les recevoir.

Au niveau le plus profond, vous faites partie du grand Sol de l'Univers et vous êtes soutenu par lui, il vous offre toujours exactement la nourriture dont vous avez besoin, instant après instant. Méditez avec ce visuel si vous le souhaitez.

# RUDBECKIE POURPRE

Tout le monde connaît des moments où l'on se sent faible, vulnérable, en colère, ou frustré - souvent de manière inexplicable et inattendue.

Aujourd'hui, il vous faut récupérer la façon dont vous vous déplacez à travers les émotions les plus difficiles de la vie.

Pouvez-vous nommer un malaise, petit ou grand, qui nécessite votre attention ? Laissez tomber les vieilles idées selon lesquelles vous êtes en faute. Une blessure sous-jacente est probablement en train d'être révélée. Ressentir sa douleur fait partie de la guérison. La Rudbeckie Pourpre vous propose de vous blottir dans sa couverture réconfortante pendant que vous honorez le processus. Elle l'a tricoté elle-même avec un espoir fort et fibreux.

Dans la prairie d'été, les pétales fuchsia de la Rudbeckie Pourpre pendent tandis qu'elle abandonne son cœur aux rayons du soleil.

Vénérées depuis longtemps pour leurs qualités médicinales, les racines, les feuilles, les tiges et les fleurs de la Rudbeckie Pourpre sont récoltées pour aider à éliminer les infections, à soutenir le système immunitaire et à guérir les blessures, en particulier les maladies aiguës et de courte durée. Vous la connaissez peut-être sous le nom d'Echinacée. Elle est résistante à la sécheresse, flexible et robuste.

Empruntez sa force et soyez prêt à exposer pleinement votre propre cœur. Le pourquoi et le comment de votre propre guérison peuvent vous sembler hors de portée pour le moment. Ce n'est pas à votre cerveau de faire ce travail.

**Choisissez de croire que votre guérison est en cours et concentrez-vous plutôt pour vous ouvrir de plus en plus à la lumière.**

Les connaissances de l'Abeille, la Rivière et le Castor pourraient également vous aider dans ce processus.

# MOUFFETTE RAYÉE

Vous savez quand quelque chose ne va pas, n'est-ce pas ? Qu'il s'agisse d'un brouillard mental ou émotionnel, d'une déconnexion spirituelle, d'un sentiment de menace ou bien d'autre chose encore, il est temps pour vous d'ouvrir une vanne de d'évacuation. Mais comment ?

Il est risqué d'ignorer les signaux d'alarme de la Mouffette Rayée. Il est peu probable qu'elle s'enfuie. Au lieu de cela, elle va viser et pulvériser un musc odorant qui signifie : « PARTEZ. » Vous le pouvez aussi.

Si vous détectez des menaces à votre souveraineté personnelle, faites appel à la Mouffette Rayée qui est en vous. Passez outre toute tendance à reculer, à céder ou à choisir une autre voie. Vous avez le droit de fixer des limites et d'éliminer les personnes ou les idées qui tentent de s'emparer de votre espace. Si les autres pensent que ça pue, ce n'est pas votre problème. La Mouffette Rayée propose cet exercice pour discerner ce qu'il faut purifier. Respirez profondément pour vous concentrer sur votre corps. Imaginez que de la lumière blanche entre au sommet de votre tête et se déplace vers le bas, se divisant en deux bandes qui suivent des deux côtés de votre corps, ressortant par vos pieds. Visualisez-la traversant la Terre, retournant à la Source ou à Dieu, puis repassant par vous à nouveau, comme une boucle infinie. Laissez cette énergie remplir également le champ autour de vous. Lorsque les voies s'ouvrent en vous, recevez la purification qu'offre cette pure intelligence d'amour. Laissez les éventuels nuages remonter à la surface et se dissiper. Quand vous êtes prêt, ramenez votre attention sur la situation qui vous préoccupe aujourd'hui. **En considérant les approches ou les croyances possibles, comparez-les au sentiment d'ouverture et d'alignement que vous avez créé dans votre corps.** Si le flux s'arrête, ralentit ou se dissout, faites confiance à ce que cela vous indique. Revendiquez votre espace et faites naître sa défense dans l'amour.

# CARTES CÉLESTES

## SOLEIL

externe, extraverti, extérieur, visible, conscient, engageant, inévitable, constant, régulier, brillant, intense, actif, ancré, physique

## LUNE

interne, introvertie, réfléchie, cachée, subconsciente, contemplative, fluide, délicate, douce, phases, cycles, relâchement, suivre le courant, rêveuse, émotionnelle

Les cartes célestes indiquent le *mouvement d'énergie*.
Allez à la page 18 pour des suggestions d'utilisation.

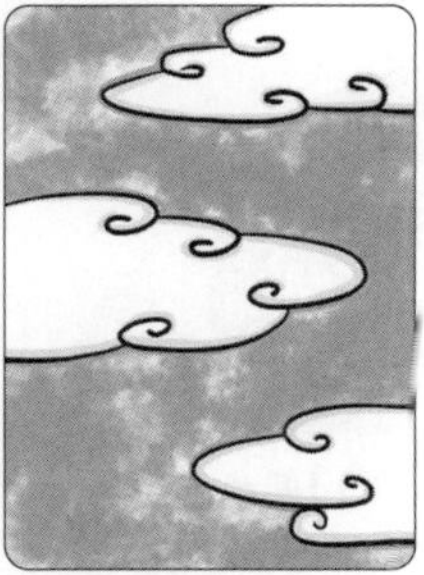

## CIEL

expansif, libérateur, ouvert, vue d'ensemble, ardoise blanche, imagination, observation, processus de réflexion

## ÉTOILE

connexions (ici et dans l'autre monde), communauté, soutien, ancêtres, guides, relier les points, synthèse, alchimie, désir, inspiration, étincelles, culmination, spirituel

Ce n'est que le début. Faites confiance à votre instinct.

WWW.PRAIRIEMAJESTYORACLE.COM

*Montrez-nous vos tirages !*
*#prairiemajestyoracle*

# À PROPOS DE L'AUTEURE

**Kara Simons** est écrivaine et avocate à temps partiel. Sa vénération des liens qui nous unissent les uns aux autres, à la nature et au monde invisible lui inspire des oracles, des méditations guidées et de la poésie. En faisant la synthèse des messages qu'elle reçoit, Kara encourage les autres à faire confiance à leur propre capacité et à leur autorité pour en faire de même. Les cadeaux qu'elle nous fait nous aident à nous rappeler que nous sommes toujours aimés et que nous avons toujours notre place.

**Rendez-lui visite en ligne**
**à l'adresse suivante :**
www.joyfulresonance.com
IG & TikTok @joyful_resonance
facebook.com/joyfulresonance.kara

# À PROPOS DE L'ARTISTE

**Amy Putney Koenig** est une artiste multimédia professionnelle qui vit dans le Midwest. À travers son art, elle apporte de la positivité au moment présent et s'efforce d'élargir et de questionner la vie réelle et la belle mort pour révéler notre guérison collective.

**Rendez-lui visite en ligne à l'adresse suivante :**

www.amyputneykoenig.com
IG @amyputneykoenig
TikTok @putneykoenig
facebook.com/amyputneykoenig